大人のためのシュタイナー教育講座
2001年 9 月発行号
第 3 期　NO. 1　通巻 13 号

シュタイナーに学ぶ「世界があなたに求めていること」

表紙／山下知子　本文デザイン／STUDIOY2（藁谷尚子　市川瑞紀）
表紙カバー絵／中村トヨ（ひびきの村）　本文イラスト／御手洗仁美（ひびきの村）

第3期

シュタイナーに学ぶ通信講座によせて

皆さま、おげんきですか？

皆さま、おげんきですか。長い間ご無沙汰いたしました。こうして皆さまにあててお便りするのも五ヶ月ぶりのことです。この五ヶ月の間、皆さまはどのように過されたでしたでしょうか。心おどる出会いがありましたか。新しいことが始まりましたか。それとも、以前と変わらずお忙しくお過しでしたか。あるいは、落ち着いた静かな生活を手に入れられたでしょうか。

さて、皆さまとご一緒に始めたこの講座も三年目を迎えました。三年目の「大人のためのシュタイナー教育講座」を始める前に、わたしが考えていることを、皆さまに少しお伝えしたいと思います。

このシリーズは、一九九九年の六月に、「家庭でできる『シュタイナー教育に学ぶ』通信講座」というタイトルで始められました。

わたしたちは「子どもが必要としている、真の教育とはどのような教育なのだろうか…」という、最も基本的な問をわたしたち自身に投げかけました。そして、その答えを得るためには、真の人間観と世界観を学ぶことが必要であるということに気づきました。そうして、わたしたちはルドルフ・シュタイナーの思想に出会い、彼の深い洞察によって獲得された世界観と人間観を共に学びました。ルドルフ・シュタイナーの世界観と人間観を学ぶことによって、ようやくわたしたちは「子どもの本質」を理解し、それをわたしたち自身の認識とすることができました。こうして獲得した認識を実践することができたら、わたしたちは…子どもが生きるために必要とする力を獲得する…ことを助け、促すことができるようになる、ということにも気づいたのです。

さて、ルドルフ・シュタイナーに導かれて獲得した認識を、わたしたちが実践しようとした時、わたしたちは再び大きな課題に向き合うことになりました。その課題とは、その認識を実践しようとしている…「わたし自身」についてわたしはなにも知らない、分かっていない…という事実でした。そうしてわたしたちは二年目に、「わたしたち自身を知る」ことに励《はげ》んだのです。

この時もまたわたしたちは、ルドルフ・シュタイナーに助けられながら、彼が示した「わたし自身を知る」ための訓練を行いました。「わたし自身を知る」ことは、時に辛く、時に苦しいと感じることもありました。が、「わたし自身を知る」ことによって、わたしたちを束縛している、わたしたち自身の内にあるもの……思い込みや先入観、知識、習慣など……からわたしたちは解き放たれ、それによってわたしたちはより自由な存在へと近づくことができたのでした。

やがてわたしたちは、「わたし自身を知る」ことには、わたしたち自身の在り方を、物質的な在り方から精神的な在り方に変えることに他ならないということに気付きました。そして、それが「精神の進化を遂げる」道であり、「精神の進化を遂げる」ことこそが、わたしたちがこの世に生を受けた所以（ゆえん）であるということを知りました。そうして、わたしたちは「精神の進化を遂げること」を、わたしたちの人生の目標に定めたのでした。それは、だれに諭《さと》されたのでもなく、だれに強いられたのでもありません。共に学ぶうちに、わたしたちがそれを願い、それを志し、わたしたち自身の自由な意志によって決めたのでした。

こうして、わたしたちは真摯《しんし》に学ぶことによって、多くの人にとって人生の最大の謎《なぞ》である、「人は何のために生きるのか」に対する答えを見出したのでした。

メッセージ ____________________

わたしたちが次に向き合った課題は、この地球に生まれ、生きることの目的すなわち「精神の進化を遂げる」……ために、どのように生きるのか、ということでした。この時にもまた、シュタイナーはわたしたちに明確な道を示してくれました。シュタイナーは「この地球期に生きるわたしたちの課題は『愛を実現することであり、愛を実現するとはすなわち、自分自身より他者を大切にし、その他者に帰依《きえ》することである』」と、言うのです。

こうして二年という時間をかけて、わたしたちはようやく「精神の進化を遂げる」という「生きる目的」を見い出し、それを遂げることは「愛を実現すること」であると示され、それは、「自分自身より他者を大切にし、その他者に帰依する」生き方によって実現するのだ、ということを学んだのでした。

今、この講座の三年目を始めるにあたり、わたしはわたしたちの学びの目標を「自分自身より他者を大切にし、その他者に帰依《きえ》する」生き方を実現すること……と、定めたいと考えています。そして毎日の生活の中で、実際にどのように実現することができるかを、ルドルフ・シュタイナーに学びたいと考えています。学んだことを自分の頭で考え、自分の心で感じ、考え感じたことを自分の手足を使って実践する……それができるように、皆さまと共に励みたいと望んでいます。ひとりではむずかしいことも、仲間と一緒にすれば遂げられることはたくさんあります。

わたしたちは「子どもをどのように教育したらよいか」と考え、悩み、戸惑い、迷ううちにルドルフ・シュタイナーの思想に出会いました。そして、深い洞察によって獲得されたルドルフ・シュタイナーの世界観と人間観に心を強く揺《ゆ》さぶられました。そして彼の世界観と人間観が示す「シュタイナー教育」に魅せられて、それを学んできました。

わたしたちの学びのすべては「子どものため」と考えて始められたことでした。けれど、学ぶうちにわたしたちが分かったことは、「子どもがもっとも必要としている教育」をするためには、わたしたち自身が真に自由な人間として生き、生きる目標を遂《と》げなければならないということだったのです。

こうして、今、わたしたちはわたしたち自身のために学び続けようとしています。わたしたち自身が学び続け、わたしたち自身が人生の目標を遂げることによってこそ、やがて……子どもたちが彼らの自由意志によって、「精神の進化を遂げる」生き方を選ぶことができるように導くという、真の教育を実現することができるにちがいないという確信をわたしたちは持っています。そして、わたしたち自身も、子どもたちも共に「精神の進化」を遂げ、それによって全人類が「精神の進化」を遂げることができるのです。

この三年目の講座が「真に世界に必要とされていること」であり、そして、わたし個人の願いや思いではなく、「真に世界に必要とされていること」だけが書かれていることを、切に願っております。

二年間共に学び続け、また三年目を共に歩もうとお決めになった皆さま、本当にありがとうございます。皆さまの存在がわたしを支え、励まし、こうして三年目の学びを皆さまと共に始める勇気と力を与えて下さいました。そして、今から共に学ぶことを決意された皆さま、ありがとうございます。これからも皆さまの存在が「人類が精神の進化を遂げるための」大きな力になるであろうことに今、心の奥底から畏敬《いけい》の念を感じております。

本当にありがたいことです。

メッセージ ____________________

TOPICS
今月のトピックス

「わたしたちは何によって決めるのか?」

さまざまな決断

新聞の投稿欄で、今朝読んだ記事です。

夜中におきた軽い喘息《ぜんそく》で、寝付いたのは明け方ちかくでした。「お母さん、今日は大変だぞ」と階下で呼んでいる主人の声で目が覚めました。時計は四時半を過ぎたばかりでした。

日中、父の介護をしているわたしを気遣《きづか》い、主人が父の隣で寝てくれるようになって、数かげつが過ぎました。最近の父は、失禁すると、トイレや枕元にオムツを脱ぎ捨て、汚れをタオルケットでふくという、最悪の状態が続いていました。

今日も、布団をあけると、ウンコまみれになっていました。最近は患部が膨《ふく》れてきたこともあってか、しただけすっぽんぽんになっている寝顔は、なんとも気持ちよさそうでした。

最初は驚き、慌《あわ》てていた私たちも、今ではスムーズに事が運べるようになりました。主人が布団をすべてきれいにし、部屋の窓を開け、隣の部屋のストーブをつけます。私は、父をシャワーで洗い、汚れ物を片づけていきます。そして、三人顔を合わせて、「父さん、やっとウンコ出て良かったネ」で、一件落着です。

父は痴呆《ちほう》と末期がんに侵されています。ターミナルケアをしながら思うのは、家族の協力がなければ介護はできないと云《い》う事で、家族のきずなを再認識させられます。「父さんをもう少し寝せてても良かったのに」と云《い》う私に、「おれが臭くて一緒に寝てられない」と、主人。主人にあらためて感謝しつつ、もう一度布団にもぐり込んだ私です。

朝の四時半に起こされて、ウンコまみれになっている年老いた父親の世話をすることが、どんなに大変なことであるか、経験のないわたしには想像することすらできません。年老いて痴呆《ちほう》になり、その上ガンに侵されて治る見込みがない父親を入院させないと決めたご夫婦。他人の手に頼らず、父親を自分たちが暮らす家庭で、自分たちの手で介護し、最期《さいご》を看取《みと》ると決意したご夫婦。日中、介護で疲れている妻に代わって父親の隣でやすみ、介護することを決めた夫。

このお二人が、これほど大変なことを決意されたのは、「何による」のでしょうか?「何」が、このお二人にこれほどのことを決意させたのでしょうか?

人間はいったい、「何によって」決意するのでしょう? わたしたちに決意することを促す力は「何」なのでしょう?

今、わたしの周りには生涯のうちでも、実に大きな決断をされた方が大勢います。「ひびきの村」で始められた「シュタイナーいずみの学校」で、子どもにシュタイナー教育を受けさせると決めたご両親が、日本の各地から引っ越していらっしゃいます。これまで築き上げたすべてを抛(なげう)って…。仕事を、仕事仲間を、友人を、さまざまな活動の基盤を、家を、親族を、親を…。それは実に辛い決断だったにちがいありません。

わたしが担任をしているクラスには五人の子どもがいます。二人が本州から、一人は九州から、一人が道内から、もう一人が伊達市で生まれ育った子どもです。

それぞれの家族には、それぞれの葛藤《かっとう》と困難があったと聞きます。子どもたちも悩み、苦しみ、哀《かな》しみました。中学二年生の男の子と女の子は、友達と別れることがいちばん辛かったと言います。それでも両親の決断に従ったのは、子ども心に両親の並々ならぬ固い決意を感じ取ったからなのでしょう。

この子どもたちのご両親は、「何によって」この大きな決断をされたのでしょうか？　自分自身の、そして子どもたちの生きる道を大きく変えるであろうこの決断を……。

二〇〇一年七月一二日、東京地方裁判所によって一つの判決が出されました。

一九四四年九月、第二次世界大戦中、約二〇〇〇人の中国人が北海道沼田町の炭鉱に強制的に連れてこられ、過酷な労働を強いられました。多くの人が病気で、あるいは逃亡中に亡くなっています。その中のひとりである中国山東省の農民だった劉連仁《りゅうりえんれん》さんは、一九九六年に日本国に損害賠償を求めて提訴しました。劉さんは中国から沼田町の炭鉱に強制連行され、労働を強いられた後に逃走し、終戦を知らずに山中で一三年間逃亡生活を続けたのです。裁判長は「戦後の逃亡生活を知りながら、救済の義務を怠った。除斥《じょせき》期間（不法行為に対する損害賠償請求で、被害者が権利を行使しないと請求権が自動的に二〇年で消滅する）の適用は正義公平に反する」として、国に請求通りの二千万円を支払うように命じました。

独立しているはずの司法府が、行政府や立法府の立場や見解を慮（おもんぱか）り、あるいは圧力に負けるということは、あってはならないことです。が、時にそのようなことが起こるということは事実としてわたしたちは知っています。

劉連仁《りゅうりえんれん》さんが提訴したこの裁判も、国のさまざまな思惑が絡《から》んでおり、劉さんの訴えが通じるかどうか、大きな懸念《けねん》が持たれていました。それを越えて東京地方裁判所がこのような判決を出したことは、良識ある人たちの間で大きな評価を得ています。八七歳で、昨年九月に亡くなった劉連仁さんの意志を引き継いで訴訟を続けていた家族は、裁判官の勇気を心から称《たた》えていました。今、日本国内の各地で戦後補償裁判の審理が進んでいますが、請求が認められたのは、韓国の人たちが提訴した「関《かん》釜《ぶ》裁判」の一審判決だけです。（判決は二〇〇一年七月一二日現在。その後国は控訴。編集部注）

裁判官たちの間でも、数々の論議が重ねられたことでしょう。判決を出すまでの苦悩や困難も想像がつきます。それも、これも乗り越えて、裁判官たちは決断したのですね。

彼等は「何によって」決断したのでしょう。裁判官たちに、この公正な判決を下すための勇気を与えたのは、「何」だったのでしょうか？

「教科書裁判」は、その反対の極にあるもののようにわたしには考えられます。その最大の問題点は、文部科学省が学校教育法第二一条［教科用図書］に従って検定し、それが教科書として使われることを認めるか否かの決定をするということにあります。

人にはそれぞれの考えがあります。歴史に対して、国の制度に対して、思想に対して、文化に対して、世界のさまざまなことに対して、勿論《もちろん》、戦争に対しても、人は異なった考えを持っています。教科書に書かれている内容を行政府が吟味《ぎんみ》し、その意に叶《かな》わないものは、教科書として認めない、日本の子どもたちに、国の方針や考えに反することを学ぶ機会を与えない、ということは、わたしたちが本来持つ「精神の自由」を侵すことになりましょう。

しかも、検定教科書を使って指導している学校では自分の子どもを学ばせない、あるいは、国が学校と認めない学校（シュタイナー学校もそのひとつです）で子どもを学ばせる、と親が決めることは、親の就学義務に違反する、つまり、法律を犯していると判断されるのです。

教科書に載せる文章を、筆者が自らの考えに基づいて書くことは正当なことです。問題は、それが国の検定を受け、国の方針に反する考えを、教科書に載せてはならないと判定される点にあります。

教科書が、国で定められていないのなら問題はありません。どんな教科書を使ってもよい、ということなら問題はないのです。一人ひとりの教師が自分の考えで選べる、あるいは教師が自分で教科書を作る、あるいは教科書は使わない、という「自由」を、日本の小・中・高校においては学校教育法第二一条によって認められていません。それが問題なのです。

つまり、日本の子どもたちは、行政府が正しいと考えること、理に適《かな》っていると考えること、子どもたちが学ぶ必要があると考えることしか学ぶことができないのです。

けれど実のところはそれも定かではありません。なぜなら、そこにはさまざまな利権が生じ、人はそれによって決断することがあるからなのです。検定教科書と認定されて生じる利権、認定する側に生じる利権等々…によって決められることがあり得るのですから。

国が定めた教科書を使わなくては学校と認められない不自由……教科書を使わないシュタイナー学校は、日本では学校と認められないのです。現に、わたしは行政府で働く人に、「『いずみの学校』は、学校でもなんでもない」と面と向かって言われました。

「検定教科書」に相応《ふさわ》しい、相応《ふさわ》しくない、と審議会が決めるのは「何によって」なのでしょう?

今、国民の八〇%以上の人が、小泉純一郎氏を支持しているということは、何を意味しているのでしょうか?　本当にわたしたちは、彼がかかげた政策を自分の心で感じ、自分の頭で考えているのでしょうか？　そして、感じ、考えた末に彼を支持すると決めたのでしょうか？

そうであって欲しいと願いますが、あの熱狂的な老若男女の姿を見ていると、残念ながらそうは思えません。小泉純一郎氏を支持することそれ自身を否定しているのではありません。人はだれでも自分の考えを持ち、他者の自由を侵さない限り、その考えによって行為する自由な権利を持っています。自由であるからこそ、自由を大切にし、正しい「思考」をしたいと思います。日本の八〇％以上の成人が、小泉純一郎氏を支持すると決めたのは「何による」ものなのでしょうか？

目を開き、耳をそばだて、鼻を利かし、膚（はだ）を晒（さら）していると、世の中のことが見えてきます。わたしは、わたしの身の回りで起きていることに無関心であってはならないと考えています。そして、世の中で起きているあらゆることに関心を持ち、それを「自分の心で感じ、自分の頭で考え、感じ、考えたことを自分の手足で行う」、真に自由で自立した存在になりたい、と心から願っているのです。

迷うことが多い人生

実際、日中目覚めている間、わたしたちは多くの決断をしています。決断と呼ぶことが憚《はばか》られるような些細《ささい》なことから、文どおり人生を左右するほどの大きな決断まで、わたしたちは毎日一瞬一瞬、決断を迫られ、決断し、そして行為しているのではないでしょうか。行為しないことも含めて…。

今、わたしはコンピューターに向かって、皆さまに宛《あ》てたメーッセージを綴《つづ》っています。考え、決め、書く。考え、感じ、決め、書く。感じ、考え、迷い、決め、書く、考え、考え、消し、考え、決め、書く…さまざまなパターンがありますが、いずれにしてもいつかは決めてキーを叩《たた》かなければなりません。決めなければいつまでたっても、先へ進むことができません。

書く作業だけではありません。わたしは瞬々刻々、さまざまなことを決めながら生活しています。学校にいても、一瞬一瞬、決断を迫られます。

「圭ちゃんのあの表情は、分からない、っていうサインかしら？　もう一度繰り返して話したらいいかな？　それとも、先に進んで、関連したことが出てきた時に、もう一度話したら良いのかしら？」

「岳史君があんなことを言っている。今注意したほうが良いかしら？　それとも休み時間にふたりだけで話そうかしら？」

「来週は国語のブロックに入る予定だけれど、みんなしっかり理解していないようだから、もう一週間数学を続けたほうがいいかな？」

「ひびきの村」の事務所で仕事をしている時にも多々あります。

今年の予算はどう立てようか？　新しい事務所をどこにしようか？　土地を買う算段はどうしようか？　サマー・プログラムで働いていただくボランティアの方々には、「シュタイナーいずみの学校」の父母の家庭に泊まっていただこうかしら？　今日「ひびきの村」を訪ねていらっしゃる方を、だれに案内してもらったらいいかしら？

日常的なことは、もっと細々（こまごま）しています。

「今日、時間をつくって美容院へ行こうかなあ？　それとも一週間後にしようかしら？」

「明日のお弁当のおかずは何にしよう？」

「家の中が散らかっているけれど。目をつむって掃除機をかけるのは明日にしようか？」

「四時まで待てばバーゲンが始まるんだけど、待っていたら帰りが遅くなるし、でも、みすみす定価で買うのは悔《くや》しいし…」

毎日迷うことが多くて、気が休まる時がありません。皆さまはいかがですか？

わたしたちは日々の生活の中で、このように、どんな些細（ささい）なことも、自分で考えて決めなければなりませんね。皆さまは、「何によって」さまざまなことをお決めになるのでしょうか？

わたしたちが決める時

わたしたちはルドルフ・シュタイナーが深く洞察したことによって得た人間観を学びました。なんども繰り返しますが、シュタイナーの洞察によりますと、人間には「身体」と「心」と「精神」が備えられています。ですから、わたしたちは世界に対して常に、この三つの要素「身体」と「心」と「精神」を以て、向き合っています。ということは、わたしたちが何か決める時にも、必ずこの三つの要素の中に働く力によって決めているということですね。

さて、この三つの要素が、どのようにしてわたしたちの内で働き、そしてわたしたちは決断するのか、考えてみましょう。

わたしたちが世界と向き合い、そして決断する時、どのような経過を辿《たど》るでしょうか？

たとえば、わたしはとても「疲れた」と感じます。これは、わたしの「身体」に属する一二感覚のうちの（人間には一二の感覚が備えられているという「シュタイナーの一二感覚論」によります。はじめてお聞きになる方は、どうぞこの講座の一年目1号から6号までを参照してください）、「生命感覚」の働きによるものです。さて、「身体」に属する「生命感覚」が知覚した感覚を、つぎに、わたしの心が感じます。それはわたしの内で「休みたい」、「横になりたい」「楽にしたい」という欲求に変わります。これが心の働きですね。そして、つぎにわたしはそれを「思考」します。「休む」ことが必要であるか必要でないか、「休む」ことが正当であるか否か、わたしが「休む」ことによって、周囲に何が起こるか起こらないか、起こるとしたらそれはどんなことか、それに対してわたしは何ができるか…。そして、わたしは「休む」「休まない」のどちらかを「決定」します。あるいは、この思考の過程で、また別の考えが生まれてくるかも知れません。これはわたしたちの「精神」の働きによるものです。それによって意志衝動が生まれ、わたしは「休む」、あるいは「休まない」という行為をするのです。つまり、身体＝意志というプロセスを辿《たど》るのですね。

けれど、また別のケースも考えられます。

「疲れた」（身体）→「休みたい」（感情）→「休む」（身体＝意志）という、とても単純なプロセスも考えられます。この場合には、わたしの行為の可能性は閉ざされ、他に広がりません。皆さまは気が付かれたでしょうか？

もうひとつの例を考えてみましょう。

今日、昼の休みに、あなたの同僚のひとりが、あなたを「強引に仕事を進める人だ」と、言っているということを別な同僚から聞きました。あなたはあなたの「身体」の「聴覚」の働きによって、その同僚の話していることばを聞きます。同時に、あなたの「言語感覚」がそのことばの「音」を聞き分けます。そして、同時にあなたの「思考」（精神）の力が、あなたにことばの意味を理解させます。あなたの心は反感を感じます。

「ひどいわ！　彼女、わたしには『あなたと一緒に仕事をするのは楽しいわ』って言ってたのに。わたしのやり方が気に入らないんだったら、はっきりそう言ったらいいのよ！　わたしには言えないで、陰で言うなんて最低！」

あなたの「心」は、彼女に対する反感で燃えたぎります。「もう絶対彼女とは仕事はしないわ。彼女がどんなに良い顔しても、挨拶もしたくない！」とさえ思います。あなたの「心」が感じた「反感」に駆《か》られて、あなたはそんなことまでも思いました。そして、その反感が意志の衝動を生み、あなたは翌朝その同僚に会った時、つんと顔を背（そむ）けて挨拶をしませんでした。

これは、「聞く」（身体）→「憤る」（感情）→「無視する」（身体＝意志）の例ですね。

けれど、あなたはいつもそんなふうに反応するのでしょうか？　こんな場合は考えられませんか？

同僚のことばを聞いて、あなたの「心」は強い反感を抱き、あなたは今後彼女とはいっさい話をしたくない、話をしない、という激しい気持を持ちました。けれど、その夜ひとりになり落ち着き、静かで穏《おだ》やかな気持になった時、あなたの「精神」があなたに囁《ささや》いたのです。

「彼女の言っていることは本当だわ。殆《ほとん》どの場合、わたしは自分の意見を押し通しているもの。彼女、それがきっと嫌だったんだわ」。また、あなたはこうも考えます。「もっと冷静になって彼女のことばを考えてごらんなさい。彼女は…強引だ…と言ってはいるけれど、それを…いやだ…とか…困る…とは言っていないわよ。事実を正しく認識するように努めなくちゃね」。あなたの「精神」が囁《ささや》いているそのことばを聴いてあなたはまた考え、応《こた》えます。「そうね、彼女は…わたしの仕事の仕方が強引だ…と言っているだけよね。それを非難しているわけじゃあないわね。それに、わたしが強引だというのは本当だし…。わたしも少し考えるわね」

そして、翌朝彼女と顔を合わせた時、あなたは心からにこやかな挨拶をすることができました。そして、それ以来、仕事の打ち合わせをする時は必ず彼女の考えを、いえ、彼女だけではなく、他の同僚の考えに耳を傾ける努力を、あなたは始めたのです。

あなたは、「聞く」（身体）→「憤《いきどお》る」（感情）→「考える」（精神）→「挨拶する」（身体）というプロセスを辿《たど》ったのですね。

「心」で感じた反感を、そのまま身体で表す前に、あなたの「精神」があなたに思考を促し、思考することによって、あなたは事実をありのまま認識することができました。そして、あなたはその認識に従って行為することができたのです。

精神の囁《ささや》きに従って、あなたが同僚に「挨拶」した後、どんなことが起きたでしょうか？　お互いの理解が深まり、きっとあなた方の間に思いやりや新たな友情が生まれたことでしょう。あなたがあなたの感情に従って同僚を無視したら、閉ざされてしまったであろうあらゆる可能性がふたりの間に広がったことと思います。

感情に従って行為し、それによって閉ざされてしまった扉（とびら）は、再び開かれることはないのだろうか…とがっかりされているあなた……落胆されなくてもいいのですよ。それがあなたの運命（カルマ）でしたら、あなたの精神が示すことに従うまで、あなたはなんどでも同じことを経験するはずですから……。なぜなら、あなたはその「カルマ」を果たすために生まれてきたのですから、それを果たすことができるようにと、あなたの精神は全力をあげて働いているのです。（ルドルフ・シュタイナーの「カルマ」論については、機会をつくって是非、学びましょう）

わたしたちは選ぶことができる

時折、テレビで野生動物のドキュメントフィルムを見ることがあります。ライオンが懸命にシマウマを追い、追われるシマウマは必死になって逃げる…どちらも生命を守るためにしている行為です。ライオンは空腹を覚え、「食べたい」という欲求を持ちます。「身体」と「心」の働きです。そこにシマウマが現れました。恰好（かっこう）の餌《えさ》です。ライオンは「心」の欲求に従ってシマウマを追います。

一方、ライオンに追われたシマウマは「恐怖」を覚えます。「心」の働きです。シマウマの本能が「心」に働きかけ、「あぶないよ！」と教えてくれたのです。そして、それが意志衝動を生み、シマウマは懸命に逃げ出したのですね。
動物の場合の「心」の働き、すなわち「感情」は、本能によって生まれるものです。動物の「感情」は、気高い人に憧れ、善を尊び不正を憎む、というような人間の感情のように複雑ではありません。しかも動物は考えることをしません。ですから動物は、本能のまま、つまり、「生命を守る」「子孫を残す」ために生きているのです。そうしなければ、彼等は生きてゆかれないのです。

人間の場合はどうでしょうか？　前に書きましたように、人間が世界に最初に出会うのは、「身体」です。「身体」に備えられている一二の感覚が世界を知覚します。そして、知覚した世界を、わたしたちは「心」で感じます。つぎに考えます。

人によっては、「心」で感じる前に考えます。あるいは、知覚したことを「考える」だけで、「心」で感じることをしない人もいるでしょう。

とても複雑なのですが、「考える」ことにもさまざまな場合があります。いつも言っていることですが、真の思考とは…物事をありのままに認識すること…そして、それを他の物事（それもまた、ありのままに認識します）と結びつける作業です。けれど、わたしたちが日常生活の中で「思考」していると思っている（まさに「思っている」のであって、真の「思考」ではないのですね）ことは、感情の領域に属することが多いのです。それほどに感情の領域は実に広いのです。

ルドルフ・シュタイナーは「心」（感情）の働きについてこう洞察しています。

「心」の営みには「記憶」、「共感と反感」、「刺激を引き起こす感情」、「緊張と弛緩《しかん》を引き起こす感情」、「美と醜《しゅう》に対する感情」、「善悪に対する感情」がある…、と。

とても簡単な言い方をしますと、「記憶」とは、前にした経験や体験を思い出すことですね。「共感」は対象に近づこうとする感情であり、「反感」は対象から離れようとする感情です。

「共感」と「反感」が強くなると「愛」と「憎悪」になります。「刺激を引き起こす感情」は飛び上がるほどの驚きであり、ものが言えなくなるほどの悲しみであり、手を打ちたたくほどの歓《よろこ》びです。「緊張を引き起こす感情」は、全身に汗をかく、身体中が震えるほどに縛《しば》りつけられるような、あるいは自己を破壊してしまいたくなるような感情です。「弛緩《しかん》を引き起こす感情」は、身体も心も動かなくなるような無力感です。

シュタイナーは「刺激、緊張、弛緩《しかん》」は、単なる「共感」と「反感」とは異なると言っています。「美醜」を感じる「心」の働きも、「善悪」に対する感情も「共感」と「反感」とは違う、特別な感情だと言います。詳しく書く余裕はありませんが、皆さまも、ご自分の体験と重ね合わせてお考えください。

このように、わたしたちの「心」が抱く感情は、さまざまな姿でわたしたちの内に現れます。そして、わたしたちは、「心」で感じたことを「意志の衝動」に変えて、行為することが多くあります。それは、決して「決意」したのではありません。「感情」のまま行為したのです。これは、「身体」↓「心」↓「身体」のパターンですね。そこには「思考」の働きがまったくありません。

わたしは多くの場合、わたしの「記憶」や「共感と反感」、あるいは「感情が刺激されて」、あるいは「緊張と弛緩を引き起こされて」、また、時には「美と醜に対する感情」によって、そして「善悪に対する感情」によって「話しをする」、あるいは「行為する」ように思います。

「記憶」、「共感と反感」、「刺激を引き起こす感情」、「緊張と弛緩を引き起こす感情」、「美と醜に対する感情」、「善悪に対する感情」は、わたし個人のものです。公平でも公正でもなく、無私でもありません。そして、それらは時によって、状態、状況によって変わります。「感情」によって「決める」(と自分では思い込んでいます) ことは、このように無常のものであり、不公正、不公平なのです。それはまったくわたしの本意ではありません。

では、「真の決断」とは、どのようにして生まれるものなのでしょうか？　皆さまはもうお分かりですね。それは「真の思考」から生まれるものなのです。わたしたちが世界と向き合う時、わたし個人の「記憶」、「共感と反感」、「刺激を引き起こす感情」、「緊張と弛緩を引き起こす感情」、「美と醜に対する感情」、「善悪に対する感情」を斥（しりぞ）けること、そして、物事の真の姿を認識すること、…それによってわたしは「真の思考」をすることができます。その「真の思考」がわたしに…真に世界に必要とされていること…を示し、わたしは「真の決断」をすることができるのです。

固くなること、柔らかくなること

さて、わたしたちが「真の決断」をするために力になると思われる、シュタイナーが示しているもうひとつの大切なことについて考えましょう。

それは、わたしたちはだれでも、内部にふたつの特性を持っているということです。ひとつは硬化し、干からびる特性、もうひとつは軟化し、溶《と》ける特性です。

通常、物質が「硬くなる」現象はどんなことによって起こるでしょうか？　そうですね、「冷える」ことによって物質は固まりますね。物質であるわたしたちの身体も「冷える」と硬くなり、固まります。宇宙の進化、地球の進化も、すべてが「冷えて」「硬くなり」「固まる」というプロセスを経てきました。（シュタイナーの洞察による、「宇宙の進化」に興味のある方は是非、「ルドルフ・シュタイナー著の「神秘学概論」をお読みください。もっと簡単に…と思われる方は通信講座一年目の第6号及び第二期第4号をお読みください。「物質が固まる」ことについて、少しだけ触れています）

ひとりの人間が生まれ、成長し、そして死んでゆくプロセスも同じように、「冷えて」「硬くなり」

今月のトピックス

「固まる」というプロセスです。生まれたばかりの赤ん坊はどこもかしこも柔らかくてふわふわしています。触ると壊れてしまいそうに柔らかな身体は成長し、成長するに従って次第に骨がしっかりしてきます。そして、半年も経つと首がすわり、一〇ヶ月経つと歯が生えてきます。

そうして年を経るごとに身体中の筋肉が次第に硬くなり、固まり、そして小さくなります。そしてついに身体から生命体が離れると、わたしたちの身体は固い物質そのものになるのですね。

わたしたちの身体は固くなる一方ですが、それでも、柔らかくすることはできるでしょうか？　それは一時的には可能です。身体が成長するということは、ことばを換えれば…身体が固くなるプロセス…なのですが、それでも一時的には柔らかくなることもあり、柔らかくすることもできます。身体を暖めたり、動かすと柔らかくなります。暖める場合も、動かす場合も、身体の中で生まれた熱の働きによって柔らかくなるのですね。ですから、わたしたちが身体を柔らかくしたいと考える時は、身体の中に熱が生まれるようなことをする、あるいは身体に熱を加えたらよいのですね。運動して血液の流れをよくすること、温かいものを食べること、飲むこと、身体を温めることによって、わたしたちの身体は柔らかくなります。

では、「心」が硬くなることを考えてみましょう。「あの人固いわねえ」と、ひとを指して言う時、わたしたちはどんな意味を込めているでしょうか？　本当に身体の固いことを言っているのでしょうか？　そうではありませんね。「融通《ゆうずう》のきかない人」「ユーモアの分からない人」「手加減ができない人」「誤魔化《ごまか》しがきかない人」「斟酌《しんしゃく》ができない人」…のことをわたしたちは「固い人」と呼ぶのですね。

わたし自身はどうでしょうか？　…小さなことに拘（こだわ）る時、「心」が硬くなっているなあ、と感じます。「許せない…」と思う時、「あの人とは話ができない」と拒絶する時、「もういいや！」

と投げやりになる時、憤（いきどお）る時、蔑（さげす）む時、悲しむ時、冷淡な気持になった時…わたしの「心」は冷え、硬くなっていると感じます。

反対に「心」が柔らか過ぎると感じる人は…夢見がちな人、世界を感性で捉えようとする人、すぐ感激する人、同情する人、興奮しやすい人、筋道立てて考えない人、正しく思考しないで想像力だけを駆使《くし》する人…でしょうか。

「精神」が硬くなるということはあるのでしょうか？　シュタイナーは、「精神」がより硬い状態を「より目覚めた」状態と言い、柔らかい状態を「眠り」の状態と言っています。

あなたは「硬い」人ですか？　それとも「柔らかい」人ですか？　…「そんな…一概には言えないわ。我ながら硬いなあと感じる時もあるし、柔らかいと人に言われることもあるから…」そうですね、よく考えてみると、わたしたちはどちらかに偏《かたよ》る傾向はあっても、どちらかひとつの特性だけを持っている、というわけではありませんね。

大人に対してはとても「硬い」態度の人が、子どもに対してはとても「柔らかい」笑顔とことばで接する、ということもあります。物事にたいそう拘（こだわ）る人が、金銭には以外にあっさりしていて驚かされる、ということもあります。恋人と別れる時には大変な騒ぎを起こしたのに、親が亡くなった時には冷静だった人を、わたしは知っています。

わたしたちはだれでも、このふたつの特性を兼ね備えているのです。また、ふたつを兼ね備えていず、どちらかひとつしか持っていない、というのでは困りますね。シュタイナーは「ふたつの傾向が適度なものであれば、人間は正しい魂の持ち主になる。どちらかが過剰になると、肉体や魂が病気になる」と言っています。

このふたつの特質は、実ははじめから人間に備えられていたものではありませんでした。人間が進化してきた永いプロセスの中で、わたしたちは「柔らかくなる」特質…我を忘れる、熱狂する、舞い上がる、眠ったような意識状態になる…をルシファーと呼ばれる存在の影響を受けて、身につけたのです。そのために、人類は永い間、眠ったような意識状態にありました。そして、人は考えることもできませんでした。今、わたしたちはアーリマンと呼ばれる存在の強い影響を受けています。アーリマンはルシファーの対極にある存在、すなわち、わたしたちを硬化させる力を持った存在です。ですからわたしたちは今、目覚め、思考することができるのです。

　このようにして、わたしたちの内に、ふたつの特質が備えられました。これは、人類が進化するために必要なことでした。わたしたちが今しなければならないことは、このふたつの特質が偏《かたよ》ることなく、わたしたちの内で働くように意識することなのです。

　人はさまざまな在り方をしています。その傾向も特質も異なります。「意志の人」、「感情の人」、「思考の人」、そして加えて「硬い人」「柔らかい人」……。

　わたしたちはわたしたちの生きる目標である「精神の進化」を遂げたいと願っています。「精神の進化」は、わたしたちが「真の決断」をすることによって実現されます。なぜなら、「真の決断」とは、「わたしがしたいから」、「わたしが行きたいから」、「わたしが欲しいから」、「わたしにとって都合がよいから」という、「わたし」の希望、「わたし」の願望、「わたし」の欲望によって成《な》されたものではないからなのです。「真の決断」とは、「世界が必要としているから」成されるのです。たとえその「決断」が、わたしに悲しみや苦しみをもたらすとしても、たとえわたしにとってその「決断」が苦悩であり、困難であったとしても、それを「世界が必要としているから」わたしは決めるのです。

　わたしたちは、毎日毎日、一瞬一瞬「決断」することを迫られています。日常の些細（ささい）なことから、人生を変えるような大きなことまで…そして、国の行方を決めることに関わるような決断、時には全世界の、全人類の未来を左右することに繋《つな》がるような決断を迫られることもあります。わたしたちが意識していないとしても…です。

多忙な日常生活の中で、多くの場合、わたしたちは「決断を迫られている」ということすら意識していません。勿論、目覚めている間中、「決断する」ことを意識していることは難しいことでしょう。わたしたちが今在る進化の段階では、それは不可能なことです。それでも、できうる限り意識を目覚めさせ、わたしは「決断」したいと願っています。

わたし自身の持つ傾向、「意志」によって決めるのか、「感情」によって決めるのか、あるいは「思考」によって決めるのか…。あるいはわたし自身の内にある「硬い」、あるいは「柔らかい」特質、によって決めるのか… 明るい意識を保ち、「世界が必要としていること」を、「わたしの決断」にしたいと願っています。

今月のトピックス

大阪府池田市の小学校で起きたことは、わたしに多くを感じさせ、多くを考えさせました。それだけに留まらず、わたしは今こそ「決断」しなければならないと考えています。わたしは「何」をするのか……。

あの事件に対して、だれが、何をすることができただろうか？　果たして、あの事件を起こさないように、だれかが、何かをすることができたのだろうか？　…と今、わたしは考えています。

ひとりの男の「決断」(身体→感情→身体のパターンです。それは決して「決断」と呼ぶことはできません）によって引き起こされたことは、「世界が必要としているわたしの、わたしたちの決断」によって、将来、再びあのような事件を防ぐことができると、わたしは確信しているのからなのです。

わたし自身が、世界を自分の心で感じ、考えること。そして感じ、考えたことを手足を使って行為する人間へと成長すること。そうして必ず、必ず、子どもたちがそのような存在になるよう教育すること……そのことを強く、固く「決意」することだけが、わたしがあの事件に対して責任を果すことができる唯一の道だと考えています。

同じ日の、同じ時刻に「いずみの学校」では花のフェスティヴァルが催されていました。温かい陽ざし、清らかな風、心躍《おど》る音楽、こぼれるような笑顔、はじける笑い声、そして色とりどりの花々…。そこにいるだれもが晴れやかで優しく、穏やかで和《なご》やかな気持に満たされていました。そこは諍（いさか）いや、争い、責め、批判、恨《うら》みの思いは微塵《みじん》もありませんでした。みんながみんなを愛し、敬い、慈《いつく》しみ、認め、平和で秩序ある空間が創られていました。子どももおとなも花の冠《かんむり》をかむり、花の国からお出ましになったキングとクウィーンを囲んで笛を吹き、歌い、踊っていました。

……そのまったく同じ時に、大阪教育大学の付属小学校の子どもたちは、世の中に恨《うら》みを持ったひとりの男に襲われ、恐怖の中を逃げまどっていたのです。そして、一年生と二年生の八人が刺されて生命を失いました。

この現実をどのように受け止めたらよいのでしょうか？　わたしは今、立ちすくみ、天を仰《あお》いでいます。そして、宮沢賢治が言ったことば……「世界中の人が幸せにならない限り、個人の幸せはありえない」を、噛《か》みしめています。

日本中の子どもたちが幸せにならなければなりません。わたしたちの子どもたちだけが花の冠をつけて踊っていてはいけないのです。「いずみの学校」の子どもたちだけが、木漏《も》れ日が舞う木陰で、お弁当をひろげていてはいけないのです。日本中の子どもたちが笑顔を見せるまで、世界中の子どもたちが未来に希望を持てるその日まで、わたしたちは怠ることなく、奢《おご》ることなく、精進しなければなりません。

より良い社会をつくるために

「わたしたち自身がより良い存在となる」

他者と異なる、という事実に、どう向きあったらよいのでしょうか。
違いを乗り越えることは、人間の普遍的課題なのかもしれません。
苦痛、困難、悩み、哀しみ…、すべて社会が悪いから…？
人智学から考察する、他者との関係、社会をより良くすることとは
わたしたち、一人ひとりから出発することなのです。

違いがもたらす困難と苦悩

二年の間、皆さまとご一緒にシュタイナーの思想とシュタイナー教育を学ぶ機会を持ち、多くの方々からお便りやファックスを頂くようになりました。さまざまな悩みや困難を訴え、どうしてそれを乗り越えたらよいか、どうしたらそれを克服することができるか…相談が寄せられます。

皆さまのお便りには…「考えの違う人と、諍（いさか）いをせずに、一緒に仕事をするにはどうしたらよいでしょう？」「価値観の異なる人と、どうしたら共感を持って生活することができるでしょうか？」「違いを楽しみ、違いを喜びと感じることができるために、どんな訓練をしたらよいのでしょうか？」…他者と異なる…という事実にどのように向き合ったらよいか、という問が多く見られます。パートナーとの間に、子どもとの間に、親や兄弟姉妹との間に、友人と、仲間と同僚との間にあるさまざまな…違い…は、多くの人にとって実に困難であり、悩みであり、苦しみであるのですね。

この講座の二期4号で、「違いを乗りこえること」をテーマに、皆さまとご一緒に考え、学びました。けれど、わたしたちの間に在るさまざまな…違い…によってもたらされる困難や苦悩は、そう簡単には克服できるものではありません。いえ、…違いを乗り越える…ことは、わたしたち人間にとって、この先ずっと永い時間をかけて果たさなければならない課題なのだと思います。

わたしも日々、いえ、瞬々刻々、他者との…違い…を感じ、…違い…に困惑し、悩み、苦しみ、哀しんでいるひとりなのです。そして、他者との…違い…を、苦痛や困難と感じることなく生きてゆきたいと願っているのです。…違い…によってわたしの内に生まれる他者を蔑（さげす）む心や憤（いきどお）りを、どうにかして克服したいと願っているのです。

三期から始めた「わたしが出会ったシュタイナーの思想を生きる人」の第一回目に登場していただいた、パトリック・ウェークフォード・エヴンス氏にも、わたしはその問を投げかけました。…平和と愛のうちに、あなたが他者と共に生きるために、人智学はどのような力になりますか？…と。

「わたしたちが困難に出会ったとき、それを克服するために、…だれかが何かを始めるだろう…と思ってみんなが待っていたのでは、わたしたちは決して困難を克服することができません。困難を克服するためには、だれかが始めることを期待するのではなく、まず、わたしが始めるのです」…と。

パトリックはわたしの在り方を見透してそう言ったのでしょうか？　わたしは常に、他者が変わることを期待します。…あの人が良くなれば、この問題は解決するのよ…とか、…あの人が変わらない限り、この問題はぜんぜん進展しないわ…とか、…何とかならないかしら？　あの人一〇年も同じこと言っている…などと考え、問題を他者に帰すことが多いのです。わたしはそんな人間でした。いえ、今でもそうです。

ただ、それでも、パトリックと同じように、わたしも人智学を学び、人智学が持つ叡知《えいち》をわたし自身の認識とすることが少しだけ出来るようになりました。そして、それから、わたしは少しずつ変わってきたように思います。

一緒に仕事をしている人が、否定的なことばを発した時、以前でしたら…ああ、またあんなことを言っているわ。彼女のあの癖《くせ》はどうしたら直るのかしら?…とため息をつき、彼女を責めてばかりいました。けれど、今は、…彼女の思いは、わたしの内にもあるのではないだろうか? 彼女のああいう態度は、わたしの内にあるものを映し出しているのではないだろうか? わたしが変われば、彼女も変わるに違いない…と考えられるようになったのです。

社会をより良くするために

シュタイナーに学ぶ講座の三年目の今年、わたしは「わたしたちと社会とのより良い関わり」を考え、「より良い社会」を築くために、皆さまとご一緒に学び、学んだことを実践したいと考えています。

わたしは往々にして、「こんなことが許されるなんて、社会が悪いからだ」「こんなことが起こるなんて、社会の在り方が健全ではないからだ」「社会が変わらなければ、問題は解決しない」と考えます。

そして、今わたしたちが抱えているさまざまな問題を、すべて「社会」の問題に帰そうとします。わたしたちの子どもたちが負っている困難を、「社会」のせいにしようとします。そして、その時、わたしが「社会」と呼ぶものは、わたしを除いたすべての人が属しているもの、わたしを含まないすべての人が創っているものなのです。…そうでしょうか? わたしは「社会」に含まれていないのでしょうか? いいえ、そんなことはありません。「社会」とは、わたしを含めたこの地球上に暮らすすべての人が属し、創っているものなのです。だれひとりとして、例外はありません。「社会」は、わたしたち一人ひとりの在り方そのものであり、わたしたち一人ひとりの姿そのものなのです。

だとしたら、「より良い社会」を創るためにしなければならないことは、…わたしたち一人ひとりが「より良い存在」になること…それ以外には考えられません。わたしたちが他者と関わる時と同じように、問題を「社会」に帰していては、問題は一向《いっこう》に解決しないのです。「社会」はわたしたち一人ひとりが創っているものです。わたしたち一人ひとりが「社会」の一員です。わたしたちのうちのだれひとりが欠けていても、今のこの「社会」は存在しないのです。

「社会」を変えたいと願うなら、わたし自身を変えればよいのです。わたしたち一人ひとりが変われば、「社会」が変わります。

「社会」が変わることを待つのではなく、わたしたち一人ひとりが変わることによってのみ、「社会」を変えることができるのです。ただじっと待っていても、わたしたちが理想とする「社会」はできません。わたしたちが理想とする「社会」を創りたいのであれば、わたしたちがわたしたち自身を「理想の在り方」に変える努力をするしかないのです。「社会」を変えるためにできることは、ただそれだけです。

…わたしたち自身が「理想の在り方」を目指して変わること…そうすれば、わたしたちが理想とする「社会」が、いつかこの地上に実現するに違いありません。

では、わたしたちが理想とする「社会」とは、いったいどのような社会なのでしょうか？

①　精神の自由が保証されていること。

②　法の下ではすべての人が平等であること。

③　すべての人が生きるために必要な物を、必要な時に必要なだけ手に入れることができること。

ルドルフ・シュタイナーは、わたしたちが、他者と共に愛と美と調和のうちに生きることができるために、この三つの考えを実践することを示唆しました。この考え方は「社会三層構造」と呼ばれています。

①は「精神の自由」を、

②は「法の下の平等」を、

③は「経済の友愛」を示しています。

ルドルフ・シュタイナーの思想を学び、彼の思想を生きようとする多くの人が、今、世界中のさまざまな所で、この「社会三層構造」を実践する試みを続けています。わたしが暮らす北海道の伊達市にある、人智学共同体「ひびきの村」も、「社会三層構造」の実現を目指している人びとの集まりです。「社会三層構造」について、また、その実践については今年中に、皆さまとご一緒に学び、考えたいと思っています。

今月のこの項では、はじめに書きましたように、「社会」を構成する一員として、…自らが成長する、自らを変える…ために、…わたしたちは何を、どのようにしたらよいのか…考えましょう。そして、皆さまとご一緒に僅《わず》かずつでも学んだことを実践して、今日、わたしたちは確実に変わり、明日は今日より少しでも成長した自分を見出したいと願っています。

わたし自身がより良く変わるために

ルドルフ・シュタイナーは、人類が「精神の進化」を遂げることができるように、その助けとなる書を残しました。ご存じの方も多いと思いますが、『いかにして超感覚的世界の認識を獲得するか』という著書です。（是非、お読みください）その中には、わたしたちが精神の進化を遂げるための、数々の訓練の方法が示されています。

わたしたちは皆、…「より良い社会」を創り、人と共に「より良く生きたい」…と願っています。そして、そのためには、…社会が、他者が変わるのを待つのではなく、まず、自分自身を変えなければならない…ということに気がつきました。

「社会」を、わたしたちが理想とする在り方に変えるためには、まず、…わたし自身が人間として「理想的な存在」になるように努力する、そして理想的な生き方をしようと試みる…そう決めたのでした。それを実践するために、これから皆さまとご一緒に、シュタイナーが示した訓練を始めましょう。

ルドルフ・シュタイナーは、この訓練を「神秘修行の諸条件」として書きました。人智学を学び実践している方の中には、わたしがこれから皆さまとご一緒に試みようとしていることを、…「神秘修行の諸条件」を日常のレベルで考え、行う…と理解なさり、異議を唱《とな》える方もおられるかとも思います。が、わたしは「神秘修行」とは、「精神の進化を遂げるための訓練」だと理解しています。「神秘修行」とは、「精神の進化のための修行」とも言えると考えています。ですから、「神秘修行の諸条件」とは、「精神の進化」を遂げようと願うすべての人、すなわち、このわたしたちが、自からの内に整えなければならない条件であると言えるのだ、とわたしは確信しているのです。

訓練を始めるためには、まず…自らの内に条件を整える必要がある…と、シュタイナーは言います。その条件とは、いったいどのようなものなのでしょうか？　その条件を満たすために、わたしたちは何を、どのようにしたらよいのでしょうか？

シュタイナーの著書に書かれていることに沿って、ご一緒に考えてください。

ここで、覚えておかなければならないことがあります。それは、シュタイナーが示すどの条件も、それを完全に満たすことを目指すのではなく、満たそうと努力することが最も大切なことであり、それこそが求められているのだということです。

まず、訓練を始める前に、あなたにこう言い聞かせてください。

…これからしようとすることは、わたしの内で日常働いている感覚では知覚できないこと、わたしの悟性《ごせい》（思考力、知性）では認識できないこと、つまり「精神の世界」に属することを知覚し、認識しようとすることである。わたしには今は不可能だ、と感じることもあるが、この力はだれの内にも具えられているものである。訓練さえ積めば、今眠っているこの力はわたしの内で目覚め、「精神の世界」の事柄を、必ずわたしも知覚し、認識することができるのだ…と。

この真実を、強く確信することが、とても大切であるとシュタイナーは言っています。

「精神の進化」を目指すということは、わたしたちがわたしたちの日常の感覚では知覚できないこと、悟性では認識できないことを認識することができるようになる…そのことを目指すのです。日常の感覚では知覚できないこと、悟性では認識できないこととは「精神の世界」の領域のことなのです。

ここで、第一期で学んだ、シュタイナーの人間観を復習しましょう。ルドルフ・シュタイナーの深い洞察によって得られた人間観…人間には「身体」と「心」と「精神」が備えられている…ということを、わたしたちは学びました。

わたしたちが「身体」を持っていることは、だれにとっても明らかですね。わたしたちは「身体」に触れることができます。見ることも、匂《にお》いを嗅《か》ぐこともできます。

「心」はどうでしょう？ 人間が「心」を持っていることは、わたしたちが世界を「感じる」ことで分かります。美しいものを歓び、善に憧《あこが》れ、時に嫉妬《しっと》し、憤（いきどお）り、泣き…これらすべての「感情」は、心が生みだすものなのです。

あなたの「精神」は、あなたに星の運行の法則を理解させ、植物の中に働く法則を認識させ、世界に働く真理を知らしめます。そして、正しい行いをするようにあなたを促し、正しいことばを話すようにあなたを導きます。

さて、あなたの内に備えられている「精神」の力は、まさに「精神の世界」に通じているという真実が、これで明らかになりましたでしょうか？ あなたの「精神」が、あなたに法則を示し、真理を示し、あなたに正しい行いをさせようとするのは、「精神の世界」とつながっているからなのです。いえ、「精神世界」に属していると言った方がより正確でしょう。つまり、「精神の世界」は真理であり、法則であり、美であり、善であるからこそ、そこに属しているあなたの「精神」が、あなたに真理と法則と美と善とを知らしめるのです。

ただ、あなたも感じているように、わたしたちはいつでも「精神」の導きに従うことができるわけではありません。なぜなら、わたしたちには「自我」が備えられているからなのです。「自我」は「自由」です。なにものにも束縛されることがありません。たとえ、あなたの「精神」が真理を示したとしても、それを生きるか否かということは、あなたの「自我」によって決められるのです。あなたの「精神」が、あなたに正しい行いをするようにと促したとしても、それに従うか否かということは、あなたの「自我」が決めるのです。

わたしたちの「自我」は「身体」の欲求に従って、「精神」が示すことに逆《さか》らうことがあります。時には、わたしたちの「精神」が「自我」に正しい決断を促しても、「心」がそれを斥《しりぞ》けることがあります。

もうお分かりですね。「精神の進化」とは、わたしたちの「精神」が、「身体」の欲求にも、「心」の動きにも翻弄《ほんろう》されることなく、「精神の世界」（の存在）が示すことを認識し、わたしたちがその認識に従って生きることができるようになるということです。「精神の進化」とは、「精神の力」を訓練し、「精神の世界」（の存在）が示すことを行為する力、それを獲得することなのですね。

「身体」と「心」に惑わされず、妨げられず、陥（おとしい）れられることなく、わたしたちの「精神」が、真理と法則と、すべての善きもの、美しいもの、正しいものを、わたしたちに示し、わたしたちがそれを認識することができるようになる…それが、わたしたちの目指す「精神の進化」なのですね。

勿論、身体と心の働きが、わたしたちが認識することの助けをする場合もあります。

「畏敬《いけい》の念」を生きる基調とする

わたしたちが生きる目的を、「精神の進化」と定め、それを遂げようとする時、わたしたちは…真理と認識に対する「畏敬の念」…を「生きる基調」としなければならない、とシュタイナーは繰《く》り返し話しています。

今日、あなたは「畏敬の念」を感じましたか？あなたの全存在が「畏敬の念」に満たされた瞬間がありましたか？

「『畏敬の念』って、いったいどういうものなのか、分かりません」と、あなたは困惑しているでしょうか？「『畏敬の念』ということばすら聞いたことがありません」とおっしゃる方もきっといらっしゃることでしょう。

「畏敬」とは、畏（おそ）れ、敬（うやま）う、と書きます。

わたしたちはいったいどんな存在に対して、畏れを感じるでしょうか？　権威に対して？　その場合の「おそれ」は、「怖れ」や「恐れ」、または「懼《おそ》れ」ではないでしょうか？

よーく考えてください。あなたは人を「畏れ、敬った」経験がありますか？　人の行為に心を打たれ、「畏れ、敬った」ことがありますか？　素晴らしい自然に触れて「畏れ、敬う」気持を抱いたことがありますか？　「あー」と、思わず頭がさがるような深い思い、ことばにならない敬虔《けいけん》な思い。…そんな思いを抱いたことがあるでしょうか？　その存在の前では遜（へりくだ）り、慎《つつし》み深く振るまわずにはいられない、という経験をなさったことがありますか？

わたしたちが「畏敬の念」を感じるのはどんな時でしょう？　誰に対して感じるでしょうか？　わたしたちが「畏れ」を感じるのは、わたしたち人間を越えた存在と、その力に対してではないでしょうか？　身体（物質）を備えた人間である、わたしたちを越えた存在…それはどんな存在でしょう？　そうですね、それは「精神的な存在」、「精神の世界」に属する存在ですね。わたしたちはその存在と、その存在が持つ力に「畏《おそ》れ」を感じます。それを「畏敬の念」と呼ぶのです。

わたしは、広い空に浮かんでいる雲を見て「畏敬」の念を感じます。空の広さに、雲の美しさに「畏敬の念を」感じるのではありません。世界（自然）を厳然として支配している法則、すなわち、自然の中に観た真理と、その認識に対して、わたしは「畏敬の念」を感じるのです。

わたしは、懸命に立ち上がり、歩こうとする赤ん坊を見て、その姿に「畏敬の念」を覚えます。赤ん坊の懸命な姿を可愛く感じるからではありません。わたしは日に日に成長する赤ん坊の姿、努力する姿の中に真理を観、それを認識し、それに対して「畏敬の念」を覚えるのです。

わたしは、ルドルフ・シュタイナーの著書を読む時、いつでも「畏敬の念」を感ぜずにはおられません。それは、彼の著書のどんなことばも真理に貫ぬかれているからなのです。彼が洞察し、わたしたちに示した真理とその認識に、わたしは深い深い「畏敬の念」を感ぜずにはいられないのです。

シュタイナーは、わたしたちが日常の生活の中で覚える、真理と認識に対するこのような「畏敬の念」こそが、わたしたちが生きるための基調にすべきだと言います。そうしてはじめて、わたしたちの心に深い感情が生み出されるのです。その深い感情こそが「精神の世界」に憧れ、「精神的な存在」に帰依《きえ》したいという願いを、わたしたちに抱かせるのです。

「畏敬の念」を育てるために

「畏敬の念」こそが、わたしたちを精神の高みへと誘う力になるとしたら、是非とも「畏敬の念」を、わたしたちの内に備えたいものです。

「畏敬の念」はもともと、わたしたちの内に備えられているものなのでしょうか？　それとも、わたしたちは意志してそれを育てなければならないのでしょうか？　そうだとしたら、わたしたちはどのようにして、わたしたちの内に「畏敬の念」を育てることができるのでしょうか？

シュタイナーはこう言っています。…子どもの頃に、心から尊敬する人物に出会った人、そして、その人が若者に成長した時、尊敬すべきものを仰《あお》ぎ見ることができた人、そういう人はやがて大人になったとき、至るところで真理と認識に対する「畏敬の念」を覚えるようになる…と。

では、大人であるわたしたちは手遅れなのでしょうか？　「畏敬の念」を覚えるための良い手だてはないのでしょうか？…あるのですよ。シュタイナーはまた、こうも言っています。

…生まれつき「畏敬」の感情を持っている人、もしくは幸運にも教育によってこの感情を育てることができた人は、後に高次の認識（「精神の世界の存在」がもたらす認識）への道を求める用意がすでにできている。しかし、このような用意ができていない人は、自らの力で今、「畏敬の念」を育てようと努力しなければならない。われわれの時代には、この点に特別の注意を払うことが非常に重要なのである。我々の文明生活は、尊敬したり、献身的に崇拝《すうはい》したりするよりも、批判したり、酷評《こくひょう》したりする方に傾きがちである。しかし、どんな批判も、どんな裁《さば》きも、魂の中の高次の認識力を失わせる。

それに反して、どんな献身や畏敬も、この力を育てる。とはいえ、この事実はわれわれの文明に対する非難を意味してはいない。文明批評が問題なのではない。われわれの文化、自分に対して意識的である人間の判断、「すべてを吟味《ぎんみ》して、最善を手に入れる」態度、つまり正に批判の精神によって、その偉大さを獲得してきた。あらゆる機会に批判力を行使し、自分の尺度で判断していかなかったら、人間は現代の科学、産業、交通、法律制度を決して達成できなかったであろう。しかしこのことの結果、われわれは表面的な文明生活の上で得たもののために、それに相当する犠牲を高次の認識活動や、精神的生活の上で払わなければならなかった」と。(ルドルフ・シュタイナー著　高橋巌訳　イザラ書房刊『いかにして超感覚的世界の認識を獲得するか』より)

幼い時に、心から尊敬する人に出会うことができたら、その体験が後に、「畏敬の念」に成長する、とシュタイナーは言うのです。そして、教育によっても「畏敬」の心を育てることができると言います。不幸にも、周囲に尊敬する人もなく、教育によって「畏敬」の心を育てられる機会もなく成長した者は、長じて自分の力で「畏敬」の心を育てなければならない、とも言っているのです。

また一方、現代に生きるわたしたちの内に「畏敬」の心を育てることはとても困難であると言います。その理由は、わたしたちが築いてきた文明は、「すべてを吟味《ぎんみ》して、最善を手に入れる」ことで、可能になった文明であるからで、その基本的な態度は、批判する、裁《さば》く、非難するなど、『畏敬』の心の反対の極にあるものだからである、と言います。

批判する、裁く、非難する態度によって手に入れた、高度な文明の代わりに、わたしたちは「精神の世界」が示すことを認識するための力を失ってしまった、とルドルフ・シュタイナーは言います。ですから、このような文明文化の中で暮らしているわたしたちが日常生活の中で「畏敬の念」を覚えることは、非情に難しいことであり、努力することなくそれを手に入れることはできない、とシュタイナーは言うのです。

お分りになりましたでしょうか？　わたしたちは今、このような状況に在ります。ですから決断しなければならないのです。大きな覚悟をし、意志的に自己を訓練しなければ、わたしたちは「精神の世界」が開示することを認識することができない、とシュタイナーは言うのです。これほど高度の物質文明の中で生きているわたしたちは、物質の快適さ、物質の心地よさ、物質の安楽さに浸り、この地上でのわたしたちの生きる目的が、「精神の進化」であることを忘れがちです。「精神の世界」が示すことよりも、物質の力に引きずられて、慈《いつく》しむ心、愛（いと）おしむ心、尊（とうと）ぶ心をおざなりにしています。そして、それらの感情によって育てられる「畏敬の念」が、まったく忘れ去られています。

日々の生活の中で、わたしたちはともすると、人や物事の難点、欠点を探し、それを批判、批評、判断、叱責《しっせき》、否定しようとする傾向を持っています。けれど、「精神の進化」を遂げようとするわたしたちは、批判、批評、否定しようとする心を斥《しりぞ》け、その代わりに、尊敬、賛美、賞賛の心を以て、世界に向き合わなければなりません。それが、「精神の進化」を遂げるためにもっとも力となる「畏敬」の心を、わたしたちの内に育てる力になるのです。ここで、シュタイナーはとても重要なことをわたしたちに語っています。それは、

「このことは勉学によっては達成されない。その達成は生活を通してのみ可能となる」

ということなのです。シュタイナーはさらに続けます。

「わたしたちは「畏敬」の気分に向けて、真剣に自己を教育しなければならない。そして、賛美と崇敬《すうけい》の対象となりうるものを、環境や体験のいたるところに探し求めなければならない。誰かと出会い、その人の弱点を非難する時、わたしは自分で自分の中の高次の認識能力を奪っている。愛をもってその人の長所に心を向けようと努める時、わたしはこの能力を貯《たくわ》える。繰り返し、繰り返し、あらゆる事柄の中の優れた部分に注意を向けること、そして批判的な判断をひかえること、このような態度がどれ程大

きな力を与えてくれるか…。しかし、それが外的な生活規則に留まっているのでは、なんの意味もない。それは、われわれの魂（心）のもっとも内なる部分で有効に働いていなければならない。人間の自己変革は内なる思想生活の深みの中で遂行されなければならない。ある存在に対する敬意を態度に現しただけでは不十分である（同上）」と。

そして、シュタイナーは、この「畏敬」の念を思考内容として持つよう、わたしたちに促しています。わたしたちの内にある、不遜《ふそん》で、傲慢《ごうまん》な思考内容をよく弁（わきま）えること、そして、批判的な傾向にもよく注意を払うことが重要であるとも言っています。わたしたちは「畏敬」の念を、わたしたちの思考内容になるまでに育てなければならないのですね。

「畏敬の念」を育てるための訓練

わたしは、ルドルフ・シュタイナーの思想に出会って、わたしがこの地上で生きる目的が「精神の進化」であるということをはじめて知りました。そして、シュタイナーの人間観を学ぶうちに、人間に備えられた「精神」は、「精神の世界」に属しているのだということを知りました。そして、わたしが気が付きさえすれば、わたしの「精神」は、いつでも「精神の世界」が示す、いえ、「精神の世界」そのものである真理や法則を、わたし自身が生きること、真理や法則を、わたし自身が体現することを促しているのだということを知りました。

わたしは何とかして、わたしの「精神」が、わたしに示していることを知りたいと思いました。「精神」がわたしに促していることを理解したいと願いました。そうして、ルドルフ・シュタイナーの著書『いかにして超感覚的な世界の認識を獲得するか』に出会いました。そこには、さまざまな訓練（修行）の方法が書かれてありました。訓練はたくさんあり、その上とても難しく思えるものばかりでした。「一生かかってもできないだろう」と、わたしは絶望すら覚えました。けれど、その時わたしの「精神」は、…もっとも大切で基本的なことから始めるように…とわたしの耳元で囁《ささや》いたのです。

わたしは気を取り直して、もう一度、丁寧《ていねい》にその本を読み始めました。わたしの心は、「畏敬の念」について書かれた箇所に、強く惹《ひ》かれました。何度も、何度も、繰り返し読みました。「これならできるかもしれない！」希望の光が見えたようでした。…「畏敬の念」が、わたしに高次の認識をもたらすなんて…と疑う気持は湧いてきませんでした。…「畏敬の念」が魂の栄養を与え、魂を力強いものにし、認識活動に活力を与える…というシュタイナーのことばが、真実のものとしてわたしの心に響いてきました。

わたしはそれまでに、わたしが感じた「畏敬の念」と思われる、あれこれを思い出そうとしました。

…子どもの頃に見た「雪山に真っ赤に映える残《ざん》照《しょう》」、「春風に揺《ゆ》れる土手一面に咲くタンポポ」、「皺（しわ）が刻《きざ》まれたおばあちゃんの笑顔」、「いつまでもいつまでも引いては返す海の波」、「日本舞踊《ぶよう》を踊る母の姿」、「十字架の上のキリスト」、「光が射し込む教会のステンドグラス」。長じては「宮沢賢治作『夜鷹の星』、そして賢治自身の生き方」、「トルストイ作『人はなんで生きるか』のエリセイ老人」、やせて小さな「ガンジーの姿」、「マザーテレサのことば」、「苦悩するケネディーの猫背の後姿」…。

一つひとつ思い出すたびに、心に灯がともるようです。身体が温かい気に包まれ、魂が天に昇ってゆくように感じます。一つひとつの光景に感じる「畏敬の念」が、どこか高いところへ、わたしを引き上げていくような気持がします。

その時、「この感情が、わたしを高次の認識へと導いてくれるのだ…」という確信が生まれました。いつも、いつも「畏敬の念」を感じていたい！　どうしたらそうできるだろう？……と考えました。そして、思いついたことは、…過去に感じた「畏敬の念」を反芻《はんすう》した時、確かにわたしはそれを体験した時と同じように、わたしは「畏敬の念」を覚え、「畏敬の念」に満たされていた…ということでした。

その頃、シュタイナーが勧《すす》めているように、わたしは…一日に一回、内的な静かな時間を持つ…ことを始めていました。わたしはその時間に、…その日覚えた「畏敬の念」をもう一度思い出して、その感情に浸る…ことをしようと思い立ったのです。

それを始めてみると、はたして予測していたように、わたしの心は「畏敬の念」に満たされ、高みへ引き上げられるような気がしました。日中、「畏敬の念」を覚えることがあっても、そこに留まり続けることはできません。わたしには、果たさなければならない務めがあります。…高次の認識を獲得しようとするために、日常の生活を変える必要はない。むしろ、心を込めて毎日の務めを果たしなさい…というシュタイナーのことばの真実に、わたしは従いたいと考えていました。ですから、夜、一日の務めを果たした後、わたしひとりだけの静かな時間を持つ、その時にこのエクスサイズをしようと決めたのでした。

ルドルフ・シュタイナー・カレッジでしていた「インナーワーク」の授業のはじめにも、学生たちと一緒に心を合わせて、毎朝このエクスサイズを続けました。日本へ戻って、皆さまとご一緒にする、「インナーワーク」のワークショップのはじめにも、このエクスサイズを欠かさずすることにしました。時には、皆さまが感じた「畏敬の念」を話していただき、それをみんなで聞き合う、ということもしました。

十数年間、このエクスサイズを続けてきて今思うことは、…このエクスサイズがわたしの内で、昨日よりは今日、今日よりは明日というように、毎日毎日より深く、より強く、より多くの「畏敬の念」を感じることを助けてくれた…ということです。

そして今も、目の前のトウモロコシ畑の上を、風に押されて行きつ戻りつする霧と、その中を横切るカラスの姿にわたしは感動し、「畏敬の念」を覚え、また、わたしのこのメーッセージを読んでくださるであろう、お会いしたことのない皆さまの存在に、深い「畏敬の念」を覚えるのです。

「畏敬の念」を妨げるもの

反面、わたしはわたし自身が、他者に対して批判的であることを知っています。わたしには、物事の優れた面を見るよりも、足りない面、至らない点、欠けているものを見て、それを非難する傾向があることを知っています。それが、わたしに「畏敬の念」を感じさせることを妨げている、ということも実感しています。

それでもわたしは過ぎたことにあれこれ不満を持ち、悔《く》やみ、反省し、人がしたことを過小に評価し、反感を感じている自分に気付くのです。

シュタイナーに言われるまでもありません。批判し、叱責（しっせき）し、反感を持ち、軽蔑（けいべつ）し、攻撃し、誹謗（ひぼう）し、揶揄（やゆ）する心が、どれほどわたしを物事の本質から遠ざけることか…。それらの否定的な思いが、どれほどわたしを他者の真の姿から遠ざけていることか…。

否定的な感情を抱いている時のわたしは、苛立《いらだ》ち、憤り、疑い、まるで黒雲に覆《おお》われたような不安と恐れを感じています。それは、「畏敬の念」を抱いた時のわたしと、なんと違うことでしょう！

…「『畏敬の念』が魂の中の共感作用を呼び起こし、この共感作用によって引き寄せられた周囲の存在の、これまで隠されていた特質がわれわれの前に立ち現れてくる…」というシュタイナーのことばの真実が、つくづくわたしの身に沁《し》みるのでした。

以前にも書きましたように、人類は物事の欠点や弱点を見つけ出しては批判し、それを克服することによって、文明を発展させてきました。不足しているもの、不備なもの、不満足なところを指摘しては、それらの負の要素を取り除き、より満足できるものに変えてきました。そして物事を過小に評価し、叱《しっ》咤激励《たげきれい》して、より良い、より強い、より速いものを手に入れてきました。

人類は、この地球上で暮らし始めて以来、ずっとそういう生き方を続けてきたのでした。そうして、これほどまでに物質文明を発達させてきたのです。世界に対し、他者に、また自分に対するわたしたちのこのような見方、考え方、感じ方は、長い間にすっかり身についてしまいました。それを変えることは容易にできるものではないように思えます。

けれど、わたしたちは今まで歩んできた「物質の進化」を辿《たど》る道を行かず、これからは「精神の進化」へ続く道を歩くことに決めました。今までのような批判的な在り方をやめて、すべてのものの中の優れている点を観《み》、そのものの本質を受け容れる在り方に変えると決めたのでした。

エクスサイズ

「畏敬の念」を育てるためのエクスサイズです。シュタイナーが勧めているように、是非、一日に一度は、静かで内的な時間を過ごしましょう。内的な時間というのは、自分の内面と関わる時間です。内的外的なことは何もしませんし、考えません。つまり、生活のことをあれこれ段取りしたり、友人との間に起きた諍（いさか）いについて考えたり、仕事の反省をしたり…というような、あなたの外側のことは一切忘れるのです。そして、椅子に腰を下ろし、目をつむって、ただひたすらじーっと静かにしていてください。

あなたの心の中にロウソクを一本灯（とも）しましょう。お気に入りの燭台《しょくだい》の上に、蜜蠟《みつろう》ロウソクを置きます。マッチをすって…オレンジ色の炎がだんだん大きくなってきましたね。周囲が明るく照らされていますか？　温かさが伝わってきますか？　香りが漂《ただよ》ってきますか？

ロウソクの火を見つめ、火の熱を感じ、匂《にお》いを嗅《か》ぎ…そう、しばらくそのまま、そうしていてください。

さあ、今日、あなたが感じた「畏敬の念」をひとつ思い出すのです。そして、そのときの情景をありありと思い浮かべてください。色、匂い、形、風、光、熱…を。人の表情を、姿を、声を…。そしてその時あなたが感じた「畏敬の念」で、あなたをいっぱいに満たしてください。

昼間あなたが「畏敬の念」を覚えた時と同じように、心に灯がともったように感じますか？　あなたは温かく穏《おだ》やかな空気に包まれ、まるで魂が、天高く引き上げられているように感じられますか？

最後に

今、わたしたちが暮らす「社会」は、一条の希望の光すら見えないと感じられほどに暗く、混沌《こんとん》とし、また混乱しています。そして解決の糸口の見い出すことのできない多くの問題を抱えています。そんな…「社会」をより良くしたい…と考えて、皆さまとご一緒にまた今年も学ぼうと、わたしは決めたのでした。

「社会」をより良くするために、わたしたちは今、何ができるだろうかとわたしは考えました。そして、結局は、「社会」を構成しているわたしたち一人ひとりが、より良い存在となること…、「社会」を創ることに参加しているわたしたち一人ひとりが、より良い生き方すること…、それが「社会をより良くする」ことに繋（つな）がるのだと思い至ったのでした。いえ、それだけが、「社会をより良くする」ために、わたしたちができる唯一のことだと考えました。

では、わたしたち一人ひとりがより良い存在となるために、わたしたち一人ひとりがより良い生き方をすることができるようになるために、わたしたちは何を、どのようにしたらよいのでしょう？

わたしはその答を、ルドルフ・シュタイナーの思想「人智学」の中に見出したのでした。そして分ったことは…「より良い存在となる」ということは、良い人になることではありませんでした。「より良い生き方をする」ということは、人に良い人と思われる、そんな生き方をすることでもありませんでした。「人智学」がわたしたちに促していること、それは…自分自身を見つけること、自分自身に出会うこと…だったのです。

「身体」を持ってこの物質の世界に生き、世界を知覚し、行為する自分…。「心」を持ち、「心」が感じることによって、美しいもの、善きこと、正しい行為、清らかな思いに憧れ、求める自分。同時に迷い、悩み、さまざまな欲求を持つ自分…。「精神」が備えられ、「精神」の働きによって、真理と法則を認識する自分…。そういう自分を発見し、自分自身に出会うことができたら、…わたしは「精神の進化」を遂げるためにこそ、この地球に存在しているのだ…ということを心底理解することができるに違いありません。

皆さまとご一緒に、今日から始めたこの内的な作業は、わたしたちに「精神の進化」を促すものです。シュタイナーの思想に初めて出会った方々にとっては、あまりにも奇異な考え方だと感じられるでしょうか。でも、もし、あなたが少しでも「自分を変えたい」、「今日は昨日より、少しでもより良く生きたい」とお思いでしたら、ご一緒にシュタイナーのことばに耳を傾けてみませんか？　彼が話すことば、それはあなたがいつも聞いていることば、あなたの内から聞こえてくることばだということに、きっとあなたは気付かれるはずです。

シュタイナー思想を生きる　わたしが出会った人

「パトリック・ウェークフォード・エヴァンス氏」

「いずみの学校」の教師を、そして教員養成プログラムで学ぶ人達を助けるために六月、次郎君の恩師で、大村祐子さんの人智学を生きる友が「ひびき村」へやってきました。
「シュタイナー思想を生きる先達から学ぶ」第一回は、そのパトリック氏との思い出から始まりました。

「パトリックが千歳《ちとせ》に着いたよ。高速道路を走るから、伊達には一〇時には着くと思う」…千歳空港まで迎えに行った次男から電話が入ったのは、夜八時をまわった頃でした。

二〇〇一年六月一一日夜、パトリック・ウェークフォード・エヴァンス氏に会える瞬間を、わたしは胸をはずませて待っていました。彼に会うのは実に二年三ヶ月ぶりのことです。

わたしがまだアメリカで暮らしていた頃、サクラメントからサンフランシスコ、成田経由で千歳まで何度往復したことか！　その同じ経路を辿って、パトリックが今日、「ひびきの村」に来るのです。

車が駐車場に入る音がしました。急いで玄関に出ると、ゆっくりと車のドアが開いてパトリックの大きな身体が出てくるのが見えました。

「パトリック！」

とわたしが呼ぶと、

「ユーコ、とうとう来たよ」

あれは確かに聞き覚えのあるパトリックの声です。彼は大きく両手を広げて近づいてきました。わたしたちは抱き合い、声もなくしばらく見つめ合うばかりでした。

わたしたちがサクラメントではじめて出会ってから、一四年の歳月が流れました。…いつか日本でシュタイナー学校をつくる…というわたしの夢を一四年間共有し、助け、支え続けてくれたパトリック・ウェークフォード・エヴンス氏が、今わたしの目の前にいます。わたしとわたしの仲間が始めた「シュタイナーいずみの学校」の子どもたち、父母、教師を助けるために、シュタイナー学校の教師になりたいと希望して、「ひびきの村」で始めた「シュタイナー学校教員養成プログラム」で懸命に学んでいる人たちを助けるために…。

パトリック・ウェークフォード・エヴンス氏との出会い

「ユーコは校庭の芝生の上を、わたしに向かって真っすぐに歩いてきたよ。脇目《わき》もふらずにね」…「大村さんとどうやって出会ったんですか？」と人に聞かれると、彼はいつも必ずこう答えます。そう、わたしは脇目《わき》もふらず、彼に向かってまっ直ぐに歩いて行ったのでした。わたしは必死でしたもの！

一九八七年四月、わたしは次男の次郎をサクラメントのシュタイナー学校に転入学させる手続をするために、サクラメント・ワルドルフ・スクールを訪ねました。連絡を取り合っていた事務室で働くナタリーを訪ねると、担任のパトリックと会うように言われました。外に出て彼女の指さす方を見ると、広い校庭のずっと向こうに栗の木が三本立っているのが見えました。その下に大きなピクニックテーブルが置かれ、椅子に腰掛け、子どもに向かって話をしている男の人の大きな背中が目に入りました。「彼が、担任のパトリック・ウェークフォード・エヴンス氏ですよ。彼にはあなたが今日来ることを伝えておきましたから、会って話してください」ナタリーにそう言われ、わたしは校庭を横切って、彼に会いに行きました。彼だけを見つめ、わき目も振らずに…。

長男はあと数日で「自由の森学園」の高校三年生に、次男は小学校四年生に進級する、一九八七年春のことでした。

その時、わたしはルドルフ・シュタイナー・カレッジで、シュタイナー学校の教師になるための訓練を受けることを決めていました。長男は、…わたしと一緒にアメリカに行くか、日本に残って勉強を続けるか…迷い、決め兼ねていました。シュタイナー学校を訪れ、自分で見、聞き、触れたら、彼は十分に自分で判断し、決断することができるとわたしは確信していました。そしてわたしは彼を連れてサクラメントを訪れたのでした。

わたし自身も、その当時カレッジの学長であったレネ・ケリード氏と面談をする必要がありました。次男はシュタイナー学校で学ばせることを決めていましたので、その手続きもしなければなりません。

シュタイナー学校では、親と子どもが担任の教師と会って入学が決められます。パトリック・ウェークフォード・エヴンス氏には日本を発つ前に電話をし、次男を連れて行けない事情を話しました。わたしの話を聞いて「ともかくあなたと会って話しましょう」と彼は言ったのでした、次郎の転入学の可否が、パトリックとわたしとの面談で決められるのだという思いで、わたしはとても緊張していたのです。それに、パトリック・ウェークフォード・エヴンス氏は、わたしが生涯はじめて会うシュタイナー学校の先生でもありました。本で読み、講義を聞いただけではありましたが、わたしの内にはシュタイナー学校の先生のイメージが大きく膨《ふく》らんでいたのです。胸が高鳴りました。

…日本の教育の現状、その中で子どもと親と教師が背負っているさまざまな困難、それを解決する展望が見えないということ、そして、その状況を少しでも良くするために、わたし自身がシュタイナー教育を学び、日本にシュタイナー学校をつくりたいと考えているということ…パトリックは黙ってじっと耳を傾けていました。

そして、わたしが話し終えると、校庭の向こうの上空を流れる雲を目で追いながら、しばらくの間考えているようでした。

「不思議ですね。こうしてあなたと話をするのは初めてなのに、もう何度も会っているような気がするのですよ。わたしはあなたと次郎に、とても運命的な出会いを感じます」と静かに言うのでした。そして「九月に次郎と会うのを楽しみにしていますよ」と、大きな手をわたしの前に差し出すのでした。

こうして、次郎は一九八七年九月から、パトリック・ウェークフォード・エヴンス氏が担任する、サクラメント・ワルドルフ・スクールの四年生のクラスで勉強することが許されたのでした。

校庭の端《はし》の南から西に向かってカーヴを描きながらアメリカン・リヴァーが流れていました。水面にはカリフォルニアの強い太陽の光が反射して眩《まぶ》しく輝いていました。川辺で水浴びしている鳥の姿が見えました。栗の白い花が風に揺《ゆ》れ、強い香りを放っていました。農園からは時折牛や羊の鳴き声が聞こえてきます。

一四年以上経った今でも、あの日、サクラメント・ワルドルフ・スクールで吸った空気、目にした光、空、雲、鳥、木、草、花、そして校庭で遊んでいた子どもたちの様子、働いていた大人たちの姿をわたしは忘れることがありません。清らかで、温かくて、輝いて…その時わたしは、何故その空間が、あんなにも暖かく、清らかで、輝きを放っていたのか…分かりませんでした。

でも、今では分かります。シュタイナーの思想を学び、シュタイナー教育を学び、日本に帰って来て、自分たちの手でシュタイナー学校を始めた今、その理由はわたしの前に明らかにされたのでした。

そこには大いなる精神の力が存在していたからでした。パトリックをはじめ、サクラメント・ワルドルフ・スクールで仕事をする人々が持つ高い精神性が、そこを清らかで、温かくて、輝く場所としていたのでした。そして、わたしたちが今働いている「シュタイナーいずみの学校」にも、その精神は確かに存在し、大いなる働きをしているのです。

「ユーコ、わたしは強く感じるよ。ここには高い精神が生きている」と…今度は、パトリックがわたしにそう話したのでした。

シュタイナーの思想を生きる人

…シュタイナーの思想に出会い、それを人生の礎《いしずえ》とし、強い確信を持って生きている人たちの姿と、彼等の生き方を皆さんに伝えたい…。

シュタイナーに学ぶこの講座の三年目の内容をどのようなものにしようかと考えていた時、真っ先にわたしの心に浮かんだのが、この考えでした。隣人とぶつかり、苦悩し、葛藤《かっとう》する人々。同僚と諍《いさか》い、嘆《なげ》き悲しむ人々。自分と向き会い、励み、精進する人々。そして、人生のさまざまな局面で、シュタイナーの思想を生きようとするが故の痛みや困難を味わっている人々。また、シュタイナーの思想を生きようとするが故の幸せや歓びを体験している人々…。人智学を生きようと日々努めている多くの友人、知人、共に働いていた同僚たち…わたしの胸の中で彼等はいつでも光であり、熱であり続けています。

サクラメントのルドルフ・シュタイナー・カレッジで学び、サクラメント・ワルドルフ・スクールとセダースプリングス・ワルドルフ・スクールで仕事をし、その後、カレッジに戻って新しいプログラムを始め、働き、暮らした一一年の間に、わたしは実に多くの人に、出会うことを許されました。シュタイナーの思想を生きようと日夜努力している彼らは時には憤《いきどお》り、迷い、悩みながら…時には嘆《なげ》き、苦しみ、耐えながら…時には蔑《さげす》み、争い、揉《も》めながら…時には歓《よろこ》び、誇り、慈《いつく》しみながら…時にはいとおしみ、慕い、憧《あこが》れて…それでもなお、彼等の人智学(シュタイナーの思想)に対する確信は揺《ゆ》らぐことはありませんでした。そして、彼らはひたすらシュタイナーの思想を生き、そして精神の進化を遂げようとしているのでした。

サクラメントのルドルフ・シュタイナー・カレッジに行く前に、わたしが日本でルドルフ・シュタイナーの思想や、その思想をもとにしたシュタイナー教育について(まさに、ついて、であって、シュタイナー教育そのものではなかったような気がします)学んだのは、そう長い期間ではありませんでした。が、それでも、その学びがわたしの血肉になっていると、わたしには考えられなかったのです。当時、日本にはシュタイナー学校はありませんでした(わたしがアメリカに発った一九八七年四月に東京シュタイナー・シューレが生まれ、一年生八人が日本で初めてのシュタイナー学校で学び始めました)、シュタイナーの思想を共に生きることを実現する「共同体」も生まれていませんでした。人智学を学ぶ多くの人たちが、ひとりでそれを生きなければならなかったのです。それは非常に困難な道であったろうと、想像することができます。

シュタイナーの思想を学べば学ぶほど、わたしの中で「これはわたしが長い間求めていたものだ。もっと深く学んだら、きっとわたしは生きる核心を得ることができるはずだ。そして、わたしが長い間求め続けていた、人生の問に答えを見つけ出せるにちがいない」という確信が強くなっていったのです。

けれど、日本でできることは学習会や講座に出て勉強をすることだけでした。体験しながら学ぶことができるのは、せいぜいオイリュトミーをし、にじみ絵を描くことくらいでした。わたしはどうしてもシュタイナーの思想を生きている人たちに出会いたいと思いました。シュタイナーの思想を生きている人たちと暮らし、わたしもシュタイナーの思想を生きたいと思いました。

そうして、四二才にしてルドルフ・シュタイナー・カレッジで学ぶことを決意したのでした。それは多くの人の支えと理解があってはじめて実現したことでした。予想された困難も妨《さまた》げも受けず、わたしは人生の半ばを過ぎて新しい思想を学び、その思想を生きる機会を得たのです。

振り返って見ると、わたしの人生で起きたすべての出来事は約束され、用意されていたことのように思えます。すべては、この世に生まれてくる前に、わたしがわたしの意志で決めていたことだったという確信もあります。わたしの運命が導き、出会ったすべての人に助けられ、支えられて可能になったことでした。感謝だけがあります。

パトリックが歩んだ道

さて、パトリックと話を始める前に、わたしは彼に四つの問を投げかけました。

1 あなたはどのようにして人智学に出会ったのですか?

2 人智学はあなたが「生きる意味」を見出すため

に、どのような力になりましたか？

3　人智学はあなたが困難に立ち向かう時、どのような助けになりましたか？

4　人智学はあなたが他者と共に平和と調和と愛の内に生きることを、どのように助けてくれますか？

パトリックは、彼の生い立ちを話す過程で、「人智学とどのようにして出会ったか」ということを話してくれました。そして、あとの三つの問には最後にまとめて答えてくれました。

わたしが出会った人智学徒の中でも、もっとも人智学を深く理解し、それを生きているひとりである、パトリック・ウェークフォード・エヴンス氏の話を、どうぞ聞いてください。

わたしは一九四八年三月一七日、アメリカ合衆国テキサス州にあるアリスという町で生まれました。ひとりっ子のやんちゃ坊主でした。

わたしの生涯の初めての記憶は、三歳の時…クローゼットに忍び込んだ記憶でしょうか。

なぜそんなことをしたのか今となっては思い出せないのですが、わたしはクローゼットにもぐり込み、扉の隙間から射し込む陽をうっとり眺《なが》めていました。そこはだれにも知られていない安全で、いつでも安心していられる、とても心地よい場所でした。その一筋の光は本当に神々しく美しかったのですよ。わたしの生涯で経験したもっとも美しいもののひとつだと断言できるほどに…。（そう話すパトリックの顔も輝いていました。まるで、暗闇の中にさし込む一条の光を受けているかのように……）

わたしが「わたし自身」の存在に気が付いたのは、九歳の時でした。ある晩、夕食を済ませた後、両親と兄と一緒に居間でくつろいでいました。その日の昼に何か良いことでもあったのでしょうか、わたしは心がはずんで、ソファーに腰を下ろして話をしている両親のまわりを、何度も何度もぐるぐる走り廻っていました。そうしたら、フッとある瞬間、わたしはわたしがスキップしていることに気が付いたんです。

それまでわたしはスキップができませんでした。それは子ども心にも傷となって、わたしはずっと悩んでいました。どうしたらできるようになるだろうと、密《ひそ》かにひとりで練習もしてみました。でも、どうしてもできなくて…。

どんなに練習しても、できなかったスキップを、何の前触れもなく突然できるようになったのです。驚きました！　気が付くと、わたしの身体は地球の引力から自由に解き放たれ、宙に浮いていたのです。それを感じた時は本当に嬉しかった！　あの思い出は、体験したことをわたしが内的に受け取った、はじめての経験だったと思います。今でもあの時のことを思い出すと、歓《よろこ》びが身体のすみずみまで広がるような気がするんですよ。

次にわたしの人生にとってたいそう意味のあったことは、一〇歳の時、母親に勧められて、夏休みに「子どものためのバイブル教室」に通ったことでした。そこでわたしは「ダヴィデの二三の詩…わたしは羊飼い」を学んだのです。この詩は衝撃でした。

この時初めて、わたしはわたしの内にある「悪」と「善」を意識し始めました。そして悪魔と神の存在をも意識し始めたのです。

神の存在についてずいぶん考えました。神とわたしの関係についても考えました。「神とはいったい何なのか」「神はわたしの人生にとってどんな意味を持っているのか」…。

教会の牧師は「祈りなさい」と盛んに言うけれど、「祈り」とは何であるかということも分かりませんでした。ですから、何を祈ってよいか分からなかったのです。「祈り」に関してわたしがいちばん悩んだことは、神に個人的なことを祈り、願ってよいものかどうか、ということでした。神はわたしの個人的なことなんかより、他のもっと大切なことで忙しいに違いないと思いましたから…。わたしはそのことについて真剣に考えました。随分悩んだんですよ。個人的なことを祈る時にはいつでも迷いました。そして、祈った後には、とても負い目を感じていました。ビンゴゲームに勝ってお金をもらうこと、コンテストで優勝すること、その他いろいろ…迷いながらもたくさんの願いごとをしたものです。

昼間は勿論のこと、夜ひとりになると、わたしは神のことを考え、とにかくよく祈りました。こんなにわたしに神のことを考えさせ、祈らせたのはあの「ダヴィデの詩」の力だったと思っています。

パトリックと「詩」の出会い

一三歳という歳《とし》は、わたしにとって実に大きな意味のある歳でした。その年にわたしは「詩」と出会ったのです。

その頃学校で「詩」の授業があり、わたしたちは「詩」を書かされました。先生は子どもたちが作った「詩」を一つひとつ読みあげました。わたしの「詩」を読んだ時、先生はただ頷《うなず》いただけでした。けれど、わたしの隣りの席の男の子が書いた詩を読んだ時、先生の反応は明らかに違っていました。先生は目を大きく見開き、光が差し込んだかのように顔が輝きました。ことばは一言も発しませんでしたが、先生がその子の「詩」に、ひどく心を打たれたのだということを、わたしは感じとったのです。それからわたしは考えました。人を感動させる「詩」とは、どんな「詩」なのだろうかと……。そして、そんな「詩」を作りたいと、わたしは心から願うようになりました。

その時は、「詩」が後々、わたしの人生にとって、これほど大切なものになるとは夢にも思いませんでしたがね……。それが、わたしが「詩」と出会った瞬間だったのです。

それから、わたしは寝ても醒《さ》めても「詩」を作るようになりました。高校時代には、わたしは自分自身がこう在りたい、と願う理想の在り方を、いつも「詩」に書いていたように思います。

それからわたしは大学へ進みました。大学では物理を専攻しました。特に物理が好きだったわけでも、才能があったわけでもありませんでした。ただ、高校で素晴らしい「物理」の先生に出会ってからわたしは「物理」がたいそう好きになり、もっと勉強したいと思っただけで、理由はしごく単純なものでした。もっとも大学の三年生の時に専攻を「化学」に変えてしまいましたがね……理由？「物理」の勉強がとても難しくなって…それに、わたしはどんな時でも、自分は詩人だと思っていましたから、詩を作るための自由な時間が持てる科目に変わりたかったのです。

人生にとって三つの大切なこと

大学時代に、わたしはふたつの大事な経験をしました。ひとつはドラッグを使うことによって、より豊かな芸術的イメージを得ようとする人たちと知り合ったこと。そして、多くの時間を彼らと共に過ごしたこと。もうひとつはバイブルを学び研究する人たちと共に、わたし自身も学び研究をしたことです。

ドラッグを使う人たちとは一緒に歌を作り、毎晩ナイトクラブで演奏しました。わたしはその時はじめて音楽でお金を得ることを体験したのです。毎晩、パーティー、ダンス、音楽、ドラッグ、酒…その頃わたしはそんな生活を続けていました。

その傍《かたわ》ら、バイブルを学ぶ人たちとも毎週一度集まり、よく議論したものです。イエス・キリストの存在の意味を、わたしは心底知りたいと思っていましたから。キリストが残した数多くのことばの意味を理解したいとも思っていましたし、パウロのことばにも強く惹《ひ》かれていました。

ですから、その頃のわたしの生活は、「芸術」（詩と音楽）と「科学」と「宗教」によって占められていたと言ってよいでしょう。けれど、その三つはてんでんばらばらで、わたしの内では結びつかず、その三つを、わたしは脈絡もなく、そしてやみくもに続けていたように思います。

時に、わたしは生きることの意味を音楽や詩の中に見出すこともありましたし、科学の中に真理を見出した瞬間もありました。勿論、宗教の中にもね…。でも、わたしはこの三つをひとつにまとめることができず、いつもこの三つの間を行ったり来たりしていたのですよ。三つの間で引き裂かれるような気持ちになることも度々ありました。関連性のないまったく違うことを、その時どきでしているような気がしていました。それはとても苦しい体験でしたね。

「芸術」はわたしの人生に豊かさを、「科学」はわたしに人生を理解させる力を、「宗教」はわたしの人生に深みを与えてくれる、そして今後もそう在り続けるだろう…ということは分かっていました。それでもなお、その三つはどうしてもわたしの生活の中でひとつになろうとはせず、そんな葛藤《かっとう》を続けているることが、わたしにはだんだん苦痛になってきたのです。

わたしの周りにはいつも多く友人が集まり、わたしは彼等と気の置けないつき合いを楽しんでいました。大学でもまあまあよい成績を取っていましたし、特に生活に不満があったわけではありませんでした。けれどそんな生活に、わたしはだんだん興味を失っていったのです。

反面、「詩」に対するわたしの思いは日毎に募ってゆきました。わたしはもっともっと「詩」を作りたい、詩作に費やす時間が欲しいと痛切に感じるようになりました。そして、次第に大学で勉強を続けることになんの意味も見出さなくなっていったのです。

大学でたったひとり、わたしが尊敬する先生がいました。わたしは彼を訪ねて、わたしの心の内を話しました。すると彼は、「それほど君が『詩』に惹《ひ》かれているのだったら、その道を進んだら良いじゃあないか。もし、今そうしなかったら、君は一生涯その思いを抱（かか）えて生きてゆくことになるよ」と言ったのです。

わたしは翌日大学に中退する旨《むね》を届け、大学を去りました。それは、あと数ヶ月で卒業という冬の寒い日でした。けれど、わたしの心は「すべきことをした」という満足感で満たされてまるで熱く燃えるようでした。

そうそう、わたしがドラッグと決別した日のことを話していませんでしたね。

その頃、アメリカ中がヒッピー文化に席巻《せっけん》されていました。ユーコもアメリカに留学していたから知っているでしょう？　若者の間ではドラッグをすることに罪悪感を感じている者はほとんどいませんでしたね。（ちなみに、わたし、大村祐子が、ルドルフ・シュタイナー・カレッジの基礎コースで学んでいる時、ドラッグについて話し合ったことがあります。クラスの五二人のうちドラッグを経験したことのない人は、わたしを含めてふたりでした）特に芸術家の間では、インスピレーションを与えてくれるものとして、ドラッグは欠かせないもの、どうしても必要なものと考えられていたのです。

ある晩、わたしは酒を飲み、何をするともなく道ばたにしゃがみ込んでいました。冬の寒い晩でした。そのとき頭上から冷たい風がフューと吹いて、枯れ葉が一枚飛んできました。その葉はわたしの目の前に落ち、くるくるっと円を描いて舞いました。それはそれは美しい円でした。完璧《かんぺき》な円でした。その瞬間です!「芸術家にドラッグは必要ない。この世はこんなにも美しいもので満たされているんだから…それを観る心さえあれば…わたしはドラッグの助けを借りる必要なんてないんだ。こんなに素晴らしいことを体験できるんだ!」…そう強く思ったのです。そして、その日以来今日まで、わたしはドラッグを手にしたことはありません。

人智学に出会う道

親族の中で、その当時大学に進んだのはわたしひとりでしたから、わたしが大学で学んでいることを両親はとても喜び、わたしに期待していました。そんな彼らが、わたしが大学を止めたことを聞いて、どれほどがっかりしたことか…容易に想像がつきます。それでも、親はありがたい存在ですねえ。両親はわたしを責めもせず、それどころか仕事を探してくれたんですよ。

カリフォルニアにある大きな石油会社でした。わたしはしばらくロスアンジェルスで仕事をし、それからアラスカへ転任になりました。仕事は単調でしたが、それはわたしにとって、かえってありがたく好都合なことでした。仕事以外の時間に、わたしは夢中になって「詩」を作り続けました。

アラスカにいる間、わたしはまたたくさんの本を読みました。その中でもJ.R.R. Tolkien作の「Road of the Rings」に強い感銘を受けました。それは人間の内の「善」と「悪」について書かれたものでした。

…主人公のハビットは魔法の力を授《さず》かり、次々と自分の思いを遂げていきました。けれどもまた同時に、その力を使うことによって、彼はさまざまな苦しみをも経験しなければなりませんでした。そして、その経験を通じて、彼の内で次第に道徳心が養われていったのです…

この物語には、それまでわたしの生活には馴染《なじ》みの薄かった天使や妖精やゴブレット（悪さをする妖精）が大勢出てきました。そうして、わたしは次第に神話や物語に興味を持つようになったのです。

わたしが惹《ひ》かれたもう一冊はParma Hinsa Yoga Nandaの自叙伝でした。彼はアメリカに東洋の叡知《えいち》をもたらした最初の人だったと思いますよ。そして、わたしもまた彼を通じて東洋に出会ったひとりでした。

アラスカでは三年暮らし、それからわたしは故郷（ふるさと）のアルバカーキーに戻りました。

昼には「詩」を作り、夜はクラブでギターを弾き、歌を歌っていました。それだけでは生活が成り立たないので、昼は工場で働きました。

ある日、わたしは工場で大怪我を負いました。睡眠と休憩を十分にとらずに危険な機械を扱っていたのですから、それは当然のことだったのです。事故を起こすのは時間の問題だったと、後になって思ったものです。

手の甲全体に薬品がかかって肉が焼け、溶けて、骨が露（あら）わになるほどの大怪我でした。わたしは入院して一年半の間治療を続け、合計一一回の手術を受けました。最終的には、臀部《でんぶ》から皮膚を移植しなければなりませんでした。ほら、こんなに肉が盛り上がって色も赤黒いでしょう。今でも自由に指を折ることができないんですよ。

治療を受けていた一年半の間、薬を飲み続け、その副作用で頭にはいつも霧がかかっているように感じていました。ぼーっとして、わたしは何も考えることができませんでした。

一一回目の最後の手術の一週間前に、その夜宿直だったひとりの看護婦が、わたしに一冊の本を持ってきてくれました。それは、ルドルフ・シュタイナーが「カルマ」について講演したものでした。身の不遇を嘆《なげ》いていたわたしに、彼女は「運命」について考えさせたかったんでしょうかねえ。

手術を前にして緊張もしていましたし、前に話したように、薬の副作用でわたしは考えることができませんでしたから、本を読むどころではありませんでした。けれど、彼女はきっと、その本がわたしの力になると考えたのでしょう。彼女の名はローズマリー…後にわたしたちは結婚することになるのですがね…。

怪我が治ってから、ローズマリーとわたしは親しくなり、よく会っては話をしました。でも、当時彼女にはボーイフレンドがいましたから、わたしは友人の域を出ないように、とても気を使っていたんですよ。

その年の夏、彼女の母親がサンフランシスコに車で行くことになりました。ニューメキシコからサンフランシスコまでは直線でも約１２５０キロ以上あります。初老の女の人が一人で運転するには長すぎます。ローズマリーが一緒に行くことになりましたが、彼女自身も運転は好きではありませんでしたし、得意でもなかったのです。そこで、わたしが助っ人として同行することになりました。

サンフランシスに母親と車を置いて、帰りはローズマリーとふたりでグレイハンドの長距離バスでアルバカーキーまで帰ってきました。

バスの中で本を読んでいたローズマリーが突然泣き出したのです。訳を聞くと、読んでいる本があまりにも難しくて理解できない、それが悲しくて悔《くや》しくて泣いていると言うじゃありませんか！　驚きましたねえ。「どれどれ、じゃあわたしが読んでみよう」…そう言って彼女から受け取った本は、わたしが以前彼女に渡された『カルマ』と同じ著者、ルドルフ・シュタイナーの書いた『自由の哲学』でした。

「分からない」と言って、ローズマリーが泣いていた箇所は第四章「知覚内容としての世界（邦訳）」について書かれたものでした。

読み進む内に、わたしはわたしの内で何かが大きく動き出したことを感じました。わたしの頭は思考の輝きで満たされ、世界に向かって大きく啓《ひら》きはじめたとでも言いましょうか…。

シュタイナーの思考を辿《たど》ってゆくうちに、わたしはわたし自身の思考が活発に活動し、また、それによってわたしはわたし自身の存在を強く認識していると感じたのです。それは実に衝撃的な経験でした。

『自由の哲学』にはまた、中学以来ずっとわたしが考えあぐねていた「善」と「悪」についても明確に書かれていました。わたしが試みていたように、それを「詩」的に表現するのではなく、そこには明晰《めいせき》な思考が在りました。その本を手に取った時、それは、わたしの生涯の中で、まさに「スパークリング・プロミス（輝ける約束）」の瞬間でした。…なにか素晴らしいことが始まるに違いない…という予感が、わたしの身体を駆《か》けめぐるのを感じました！いえ、素晴らしいことはもうすでに始まっていたのでした。

この旅行を終えてから、わたしの生活にふたつの変化がありました。ひとつは…わたしが本格的に人智学を勉強し始めたこと。もうひとつは…ローズマリーと結婚したこと…です。

さて、『自由の哲学』に書かれてはいたものの、わたしの内にある大きな問…「悪とは何だろう？」という問を、わたしは相変わらず抱え続けていて、答えを見つけることができませんでした。わたしは多くの哲学書を読みあさりました。パパナンダ・ヨギ・ナンダは「人間の内に『悪』は存在しない」、と説いています。けれど、それにしては、この世に「悪」と思われることが多過ぎます。

ヒットラーのしたことはどうでしょう？　あれを「悪」と呼ばすに、なんと呼べばよいのでしょう？ヒットラーのしたことを考える時、わたしはどうしても人間の内に「悪」が存在しないとは考えられませんでした。

ある晩、わたしとローズマリーはアルバカーキーの人智学の集まりに出掛けました。そこで、人智学会の会員によるクリスマス劇が上演されました。劇にはふたつの種類の「悪」が登場しました。ふたつの「悪」のうち、ひとつは「ルシファー」と呼ばれ、もうひとつは「アーリマン」と呼ばれていました。

「ルシファー」は人間に考えることをさせず、現実の自分より自分を大きく感じさせ、人間をつねに幻想の中で生きるように誘う存在として、描かれていました。「アーリマン」は事実を偽り、真実をねじ曲げ、誤魔化す存在として…。劇の中ではふたつの「悪」が素晴らしく「詩的」に表現されていました。わたしはそれ以来、この「悪とは何か?」という問にますます惹《ひ》かれ、より深く考えるようになりました。

三つの道がつながる

わたしが今、自分の人生を振り返ると、こんなイメージが浮かびます。

わたしは長い間、薄暗い森の中を彷徨(さまよ)い続け、三つの道を探し当てて歩いてきました。ひとつは「芸術」という小道、ひとつは「宗教」という小道、そしてもうひとつは「科学」という小道を…。でも、わたしは歩きながらどの小道を辿っていったら目的地に着くのか、確信を持つことができませんでした。それで、わたしは時には「芸術」の小道を、時には「科学」の小道を、また時には「宗教」の小道を、というように、あちらへこちらへと、始終揺れていたのです。確信がありませんでしたから、ひとつの道に思い定めて他のふたつを捨てることもできませんでした。そうこうしている間にわたしはようやくその薄暗い森を抜け出すことができました。

その時わたしが見たもの、それは…三つの小道がひとつになって大きな確かな道に続いている様子だったのです。その確かな道には「人智学(精神科学)」という名が付けられていました。

それまで「これだ」と決めることができなくて、あちらの小道、こちらの小道と揺れながら辛うじて、辿っていたその三つの小道が「人智学」というひとつの確かな道に集約されていたのでした。科学的な思考、芸術的な興味と才能、それから宗教に対する深い思惟《しい》…この三つが「人智学」において、ついに結びついたのです。

わたしの仕事

人智学を学ぶうちに、はじめてわたしは、職業について真剣に考え始めました。「わたしはいったい何をしたらいいんだろう?」と。特に、『自由の哲学』がわたしに目覚めさせたのだと思います。「わたしがしなければならない仕事とは、いったいなんだろう?」「わたしの使命はどんな仕事によって果たすことができるのだろう?」…そして、「わたしは何をしたいのだろうか?」「わたしは誰と一緒に仕事をしたいのだろう?」とわたしは問い続けました。

答えが出るまでに、それほど時間はかかりませんでした。そして、答えは簡単なものでした…「詩人」「脚本家」「音楽家」「役者」…それが答えでした。

わたしは「詩」を書き、「脚本」を書き、役者になり、音楽家になりたいと思いました。それが一番、わたしに合っていると思いました。それは、すべてわたしが好きだったこと、したいことでした。

「でも、それでいいんだろうか?」わたしの内で再び問が生まれました。…自分が気に入っていることや、自分がしたいことが、真のわたしの職業なのでしょうか? わたしにはどうしてもそうは思えなかったのです。

そこで、わたしは問を変えてみました。「わたしがもっとも尊敬している職業は何なのだろうか?」…と。

出てきた答えは何だったと思いますか? それはまったく予想外のことで、わたしは本当にびっくりしたんでよ。それまでまったく考えたこともない商業だったのですから。

答えは「教師」…でした。わたしは生まれてからそれまで、一度も「教師」になることを考えたことがありませんでした。けれどそれから「教師」になることをわたしは真剣に考え始めたのです。ふいにやってきた「考え」だから、今まで考えたこともない「考え」だったからこそ、わたしには真実だと思えたのでした。

「そうか、シュタイナー学校の教師になれば、わたしが辿ってきた三つの道、「芸術」と「科学」と「宗教」がひとつになる…。ルドルフ・シュタイナーの思想を学ぶうちに、勿論、わたしはシュタイナー学校についても読み、学びました。興味も持ちました。

シュタイナー学校の教師になれば、「芸術」を科学的な思考のもとに教えることができるし、「科学」

を芸術を通して教えることができる、そして、「宗教」の小道も「精神の進化」を目指すことによって歩むことができる……教師として生きるために、もっとも重要であると思われる、内的な生活をすることによって、それが可能になるだろう…わたしはそう考えたのです。それまで、わたしが持っている才能をすべて結びつけ、いつかそれを生かすことができる時が来るとは思っていませんでした。

わたしは何の躊躇（ためら）いもなく、シュタイナー学校の教師になることを決意しました。そしてイギリスのエマーソン・カレッジに行ってトレーニングを受けました。トレーニングが終わるとすぐに、わたしはサクラメントのワルドルフ・スクールの教師として働き始めたのです。

そこでわたしは一六年間仕事を続け、昨年からルドルフ・シュタイナー・カレッジで「シュタイナー学校の教員養成プログラム」で教えています。

子どもを教える代わりに、今は大人を教えてはいますが、わたしは教師という仕事を選んだことにとても満足しているし、幸せだし、心から感謝しています。そして、これがわたしの本当の仕事だと、確信を持って言えることにも…。

わたしはこの仕事を通じて、多くの人にとって人生最大の謎《なぞ》である「人間は何のために生きるのか」という問に対する答えを見つけるための手助けをすることができます。それは、わたし自身が長い間抱えてきた問でもあります。そしてわたしはついに、人智学を学び、シュタイナー学校の教師として働くうちに、その答えを見出すことができたのです。

今なら、同じ問を抱えて苦しみ、悩んでいる人を助けることができます。「生きることの意味」を見出した人に出会い、その人と共に生き、その人と共に学び、その人と話をすることによって、人は答えを探すための旅を続ける勇気を持つことができるでしょう。そして、いつか答えを見つけ出すことができる、という確信も持てるに違いないと思うのですよ…。

わたしが探しあてた、わたしにとっての「生きる意味」ではなく、その人にとっての「生きる意味」を…ね。

ですから、わたしの講義は常にわたし自身の体験を語ることが多いのです。わたしは単に、シュタイナーはこう言っていると、シュタイナーの考えを伝えるのではなく、シュタイナーに導かれて学んできたわたしが見出した答え、わたし自身にとっての答えを伝えるようにしています。客観的な考えだけを話すのであれば、わたしではなくともいいのですから…。わたしが彼等と共に学ぶ意味は、わたしがどのような道を辿《たど》って、今ここにいるのか…「人智学」はわたしにとってどんな意味があるのか…ということを伝えることですからね…。ユーコも同じことをしているのでしょう?

わたしたちはいわば、みんなハムレットみたいなものなのです。ハムレットは自分が何をしていいのか分かりませんでした。自分が真の精神的な体験をしているのか?　ただ、そう演じているだけなのか?　それなら、ここから逃げだそうか?　それとも、逃げ出さずに目の前にいる叔父を殺すべきなのか?

…彼は「思考」と「感情」を通じて正しい答えを探し出そうとしました。わたしは彼の生き方の中に、真の現代人の姿を見るのですよ。

わたしは誰にとっても正しい道、だれにとっても正しい答えを示すことはできません。わたしができることは…答えを探し出せるであろう道、あるいはわたしが答えを探し出した道を示すこと…だけなのです。

こうして、わたしたちは互いに助けることができます。そうして、わたしたちは互いに友人として存在できるのです。答えを見つけ出すために…。

パトリック、三つの問に答える

こうして、パトリックは自らの生涯を語ることによって、わたしが投げかけた、

問1「あなたはどのようにして人智学に出会ったのですか?」

に答えてくれたのでした。

彼にとって話しにくいことも多々あったことでしょう。現に、ドラッグの話を始める前には、明らかに躊躇《ちゅうちょ》している様子が見られました。現に話し終え

た後、「ユーコの本の読者はどう思うだろうか?」という彼の呟《つぶや》きが聞こえてきました。彼は自分自身が皆さまにどう思われるか、ということを気にかけたのではありません。人智学を学び、実践する者が皆さまの信頼を失うということ、それによって人智学そのものが疑いを持たれることを恐れたのです。そんな彼の迷いや躊躇《ちゅうちょ》を知りながら、それでもわたしは敢《あ》えて、その事実を書くことに決めました。

わたしたちは多くの間違いを犯します。愚《おろ》かなことを話し、浅はかな行いをします。卑《いや》しい考えを持ち、怠惰《たいだ》にもなります。それでもなお、わたしたちは真理を求め、真理の内に生きたいと願っています。そして、自らの使命を見つけ出し、それを遂げたいと願っているのです。それが「自らの、そして全人類の精神の進化」を促すということに確信を持っているからなのです。

わたしたちは間違いをおかし、愚《おろ》かなことを話し、浅はかな行いをしては後悔します。卑《いや》しい考えを持ち、怠惰《たいだ》に過ごした後では気落ちします。時には、二度と起きあがることができないと感じるほどの誤りをおかすこともあります。あまりのおろかさに自信を失い、これ以上一歩も先には進めないと躊躇(ためら)うこともあります。

そんなわたしたちに、真摯《しんし》に自らの間違いを語るパトリックの姿がどれほど勇気を与えてくれることか……。お読みくださった皆さまが、パトリックの真の姿を知った後「人智学」を遠ざけることなく、いえ、むしろ以前よりも「人智学」を身近に感じられますように、と祈るばかりです。

さて、問の、

2　人智学は「生きる意味」を見出すために、どのように力になりましたか?

3　人智学はあなたが困難に立ち向かうとき、どのような助けになりましたか?

4　人智学はあなたが他者と共に平和と調和と愛の内に生きることを、どのように助けてくれますか?

に、対するパトリックの答えです。

人智学は常にわたしたちに、「あなた自身を知りなさい」と促します。けれど、…自分自身を知れば知るほど、わたしは「わたし自身」に対して、すべての責任を負わなくてもよいのだ…ということに、気が付いたのです。

ルドルフ・シュタイナーはこう言っています。…あなたの人生をふりかえって、あなたが出会った人を思い出しなさい。先生や大人たちは、あなたにどんなことを教えてくれましたかと…。

すると、あなたはきっと気が付くでしょう…あの人たちに出会わなかったら、わたしはなにひとつ学ぶことができなかっただろう…と。そしてあなたは次に、きっと心の中で、その人たちと話をし始めるにちがいありません。あなたは以前より謙虚になっている自分に気が付きませんか?…あの人たちがいたからこそ、わたしは今こうしてここにいるのだと。

他者が存在しなければ、わたしも存在することがない。他者がいなければわたしは世界にも出会うことがない。世界を理解することができない、ということに気が付くでしょう。他者がわたしにわたし自身が存在する機会と、わたし自身の存在の意味を与えてくれるのだ…そう気が付いたあなたは、他者がどれほど大切な存在であるかということに気が付くはずです。

たとえ高校で教えてもらった「歴史」の先生を、あなたが嫌ったとしても、その先生がいなかったら、あなたは「歴史」を学ぶこともなかった筈《はず》です。また、「数学」の先生が大嫌いだったとしても、その先生がいなかったら、あなたは「数学」を学ぶこともなかったでしょう。こうして、わたしたちがこれまで出会った多くの人を思う時、わたしたちはすべての人の存在をありがたいと感じ、感謝するようになるにちがいありません。この経験は、わたしたちを大きく変える力になると、わたしは心の底から断言できます。

問3に対する答

「人智学」が教えてくれるもうひとつの重要なことは…他者を理解し、他者の人生を理解すること…です。他者がどのような困難や苦しみを抱えているか、どのような望みをもち、どのような望みが叶《かな》えられ、どのような望みが叶えられなかったのか、そして、人がそのことで悲しんでいるか、嘆いているか、心を痛めているか…それを理解することを教えてくれます。

わたしがそれを理解することができるようになったのは、シュタイナーのカルマ論を読んだ時からでした。「他者を理解し、他者の人生を理解する」ことによって、わたしは他者の持つ運命を理解することができるようになりました。そして、顧《かえり》みて、自分も他者と同じような状況に在るということも分かるようになったのです。

わたしたちはともすると、自分は特別な存在だと感じ、自分だけは他の人たちとは違うのだと、思いがちです。けれど、他者を知り、他者を理解することによって、わたしたちは、皆同じようなことで苦しみ、同じようなことで悩み、怒り、また歓びもするし、幸せだと感謝もするのだということに気が付くのでしょう。そして、わたしたちが成長するためには、互いに手を差しのべ、助け合わなければならないということにも、改めて気が付くのです。そう、わたしたちは互いに依拠《いきょ》しなくては生きられないのですから…。

「人智学」は、このような認識を、わたしたちにもたらします。「人智学」の持つ叡知《えいち》はこのようなことをわたしたちの前に明らかにします。それ故、「人智学」は未来に向かう、と言えるのです。この叡知は、シュタイナーによってわたしたちの前に明らかにされはしましたが、それは彼自身のものではありません。それは、その叡智は精神世界に属するものなのです。

人が共に成長するために

問4に対する答

わたしたちが共に前に進みたいと願うのであったら、人を頼みにするのではなく、わたし自身が、わたし自身の足を前に進めることによってのみ、それは可能になるということに気が付かなければなりません。

わたしが一歩踏み出さない限り、他者も前に進むことができません。互いに他者が踏み出すことを待っていたら、わたしたちは永久に前に進むことができないのです。他者が変わり、成長するのを待っているのではなく、わたし自身が変わり、成長することが必要なのです。

他者と共に成長するために必要なことはそれだけです。そして、わたしの在り方、生き方を変えるためには人智学（精神科学）を学ぶこと、そして、メディテーション（瞑想《めいそう》）をすることであると、わたしは確信をもって言うことができます。それこそが、わたしたちが精神的な在り方と生き方をするための力になるのです。

人智学は真の世界認識と、自己認識を獲得するための道を示しています。人智学を学び獲得した認識によって、わたしは他者と共に生きる者として、より良き存在となることができたと確信しています。その例を話しましょう。

ユーコは黄道《こうどう(おうどう)》十二宮のことは知っているでしょう。黄道《こうどう》に十二宮あるということは、どんなことにも一二の観点があるということを示している、とシュタイナーは言っています。

それはもし、ここに一二人の人がいたとしたら、一二の異なった考え方があるということですね。それが真実なのです。

その上、わたしたち人間には七つの心の状態があります。ということは、十二人の人がいたら、一二×七＝八四の観点があるということです。そして、さらにわたしたちはそれぞれ異なった気質を持っていますが、気質には四つの種類があります。

このように考えると、この世に生きる一人ひとりがどれほどユニークな存在であり、どれほどそれぞれが異なった存在であるかということが分かりますね。わたしひとりが、すべての問題に対して三六〇度の観点を持つことは不可能です。わたしはその真実をよーく認識することができました。そして、ひとりの人間が全（まった）き真理で在ることもできないということも分かったのです。

人智学を学び、このような認識を得る前には、ミーティングなど人が集まる場所で、わたしはいつも長い時間ひとりで話していました。わたしはすべての観点から物事を観ることができると思い上がっていました。その上、わたしは弁が立つ人間ですから自分の考えをうまく正当化する術にも長（たけ）ていたのです。…わたしが間違えるはずはない…と考えていたのですよ。

人智学によって得た認識はわたしを変えました。それからは、わたしは自分の考えをとても短く簡単に話すことができるようになりましたし、自分の考えを話した後は、ほかの人の話を静かに、熱心に聞くことができるようになりました。

そこに八人いたら、八つの考え方があります。わたしは八人の異なる考えを聞いた後、一つひとつの考えを重ね合わせ、包み込み、次第にひとつの考えに変容させることができるようになりました。そしてそれが正しい考えに至る道だということが分かったのです。それが唯一、多くの人間が共に話し、共に考えて真理を導き出すことができる道なのだと、わたしはわたし自身の体験から確信しています。

「ひびきの村」のミーティングと、「いずみの学校」の教員会議に二回出席させてもらいましたが、ここで、あなたがたはそれを実現しているのですね。驚きました。そして感動しました。ここには本当の人智学を実現している共同体があるんですねえ。

同じことを繰り返すようですが、このような認識を持っていたら、自分の考えが唯一正しいものであるなどとは、到底考えられなくなるでしょう。そして、自分自身は勿論のこと、世界のすべての人、すべての考え、すべての物事を客観的に見ることができるようになります。そして、時には自分を笑うこともできるようになるに違いありません。真の自己認識を得ることができたら…ね。

真の自己認識とは、とりもなおさず「人智学」がわたしたちに与えてくれる「自由」なのです。このように、「人智学」はわたしたちを偏見や先入観、奢《おご》りから解き放ち、自由にしてくれるのです。「人智学」によって得た認識は、「こうしなければいけない」「こうすべきだ」という呪縛《じゅばく》から、わたしたちを解放してくれます。自由だけが真の意味で「愛」を生み出すことができるのです。

またこうとも言えるでしょう……人智学を学ぶことによって得られる認識は、わたしたちを自由な存在にし、それによってわたしたちは自由な意志によって行為できるようになる。つまり、わたしたちはまったくの自由意志によって「愛」を行うことができるようになるのである…と。

「自由の哲学」は、わたしに、「世界にとっての愛の意味」を示してくれました。「自由の哲学」は、わたしにとってヨハネ福音書の中のイエスのことばと同じ意味を持っていたのです。

…わたしはあなたたちに十戒における掟《おきて》を残してはゆかない。その代わり、たったひとつのことを言い残してゆこう。それは「互いに愛し合いなさい」ということである…というイエスのことば。

それは『自由の哲学』に書かれていることのエッセンスであるとわたしは理解しています。わたしたちはわたしたちの自由意志によって「愛する」ことができ、「愛」を行うことができるのです。わたしたちはわたしたちの自由な意志によって「愛」を生きることができるのです。

シュタイナーは死の床で「Reading　Thoughts」を書き残しました。それにはこう書かれています。

叡知は自由意志によって「愛」を行うためにこそ必要なのである
人智学とは認識への道である
それは人類を精神の世界へと導く
それはわたしたちの心が必要と感じ
心が切望することから始まる
それに応えることによってのみ
わたしたちは満足することができる
そうして認識は行為を生む
大切なことは学び続けることだ
感情に止まっていてはいけない
感情に縛られてはいけない
「愛」はただの感情ではない
「愛」は意志をもった行為である
これがわたしにとっての人智学なのだ

正確には覚えていないけれど、こんなふうなことだったと思います。でも人智学を学ぶ多くの人にとっては、こういうことは必要のないことなのかも知れませんね。彼等は知識を詰《つ》め込むことに汲々《きゅうきゅう》としているように、わたしには見えるのですよ。

シュタイナーはまたこうも言っています。

…ヨハネはイエスのことばの意味を八〇年経ってから理解したそうだ。ようやく理解することができたイエスのことばを、彼は人生の最後の瞬間に書いた。ある人が、彼に向かって「必要なことは互いに愛すということなのだ」と、実に簡単にあっさり言った。するとヨハネはこう答えたそうだよ。「いや、それは簡単なことではない。わたしがそう言うことができたのは、六〇年の間深いメディテーションを続けたからこそなのだ」と…。

そう、それから、人智学はまた、わたしが一三歳のときから抱いていた「悪と善」についても明快な答を与えてくれました。それは、…認識の小道を歩いていて、最後に辿り着いたのは、「悪」を「善」の向こうに観ること…だったのです。

勿論「悪」は「善」そのものではあり得ません。しかし、「悪」は現実には存在せず、「善」の見せかけであり、偽りであるのです。だからこそ、わたしたちは心しなければならないのです。なぜなら、「悪」はそれを「悪」だと人に悟《さと》られない時にのみ、「悪」であり得るからなのです。「悪」は、わたしたちがそれを「悪」だと認識したその瞬間に、「悪」としての力を失います。

自分を誇り、偽りを言い、不正義を行う、その中にわたしたちが「悪」を観ることができる時、わたしたちはそれをやめることができます。けれど、観る力がない時には、ただそのままそれを続けるしかないのです。

太陽の門、月の門

もうひとつ話してもいいですか。精神の世界へ続くふたつの門について…「月の門」と「太陽の門」に関してシュタイナーが語ったことばです。

月について…わたしたちの足は、わたしたちが必要としている人に会わせるために動くのです。それを人は「運命」とも呼びます。「運命」は、わたしたちに必要なことをさせ、必要なことを学ばせ、必要なことを体験させます。

もし、「運命」に従わず、わたしたちがその時に必要なことを学ばなければ、「運命」はまた同じことを体験できる所に、わたしたちを連れて行きます。

そういうことはわたしたちの人生の中でいくらでもあるでしょう。同じことを何度も何度も繰り返すという経験を、あなたはしたことがありませんか。同じ間違いを犯し、同じ問題を繰り返し引き起こすという経験を、あなたはしたことがありませんか。それは月に導かれて歩く道なんですよ。…月も毎月毎月同じ道を繰り返し辿《たど》っているでしょう!

さて、「太陽の門」…それは何なのでしょう? ルドルフ・シュタイナーは、それを「自由への扉」と呼んでいます。それは「自己認識」へ至る門であり、わたしたちが成長し、変容することができる道へ至る扉なのです。

太陽の扉を開け、そこに続く道を辿《たど》ることによってわたしたちはカルマを断ち切り、カルマを解決することができます。そして、それによってわたしは世界を、人を助けることができるのです。

もし、わたしたちが多くの時間とエネルギーを、自分のカルマに向き合うためだけに使ってしまったのでは…それは、同じことを繰り返し、運命にただ従うだけ、ということに他なりません。そんなことを繰り返していたのでは、世界のために働くことはできませんねえ。

例をあげてみましょうか。あなたが多くの人と共に働くことを考えてみてください。

あなたはあなたの活動の拠点を、あるグループから別なグループへ移しました。あなたは出会ったばかりのこのグループの人びとを、あなたの力で自由な存在へと導くことができると確信しています。

はじめの頃、あなたは仲間に歓迎され、仲間はあなたを好ましい存在と感じていたようでした。しかし、あなたをよく知るようになると、彼等は次第にあなたを批判し、責めるようになりました。あなたは怒り、嘆《なげ》き、落胆し、諦《あきら》め、またそこを去って他のグループへ移ろうと考えたのです。

けれどその時、以前にも同じことを経験したことがあると、あなたは思い出しました。思い返してみると、そういう経験は一度や二度ではありませんでした。どこへ行って、どんなグループに加わっても、いつでも同じことを繰り返してきたということに、今、あなたはようやく気が付いたのです。

そして、あなたは考え始めました。「わたしは今、わたし自身の在り方を認識した。さて、わたしはどのようにして、わたし自身を変えることができるだろうか?」と。そうして、あなたは「好もしく感じていない人や、対立している人に対して、自分は何ができるだろうか?」と考えたのです。そして、あなたは「わたしと彼等との間に『愛』をもたらす正しい行為をしたい。いったいそれは何なのだろう?」と考えるようになりました。

それこそが、あなたがあなたのカルマの呪縛《じゅばく》から抜けだし、カルマから自由な存在になるための第一歩だったのです。そして、あなたは二度と同じことを繰り返すことがなくなり、次のステップへと進むことができました。

シュタイナーはこう言っていますよ。

…あなたが抱えている困難を、あなた自身の力で解決することができたら、あなたの守護の天使が自由になります。彼等が自由になると、全人類に対して、もっともっと働くことができようになるのです。あなただけを守り、一日も休まず、一日二四時間、あなたの世話をする代わりに…ね。

想像してごらんなさい。わたしたちは、わたしたちの行為によって天使をより自由にすることができるのです。そして、それによって天使は、わたしひとりのために働くだけではなく、他者のため、全世界のために働くことができるようになるのです。そうして、天使は人類をより精神的な存在になるために導くことができるのです。

そうすることによって、わたしたちは月のカルマに縛《しば》られることなく、そこから脱出して新しい道、すなわち太陽の道を辿《たど》ることができるのです。そうして、わたしたちは新しいカルマを創ることができるのです…と。

これは、あまりにも人智学的な考え方でしょうか？　あなたの読者には、あまりにも奇異な考えに思われるでしょうか？

でも、これは真実であり、すべてはわたしたちが「する」、または「しない」にかかっているのです。

ここから先は個人の問題です。「する」ことができるようになるためには、毎日の「瞑想《めいそう》」がもっとも大切なことだと、わたしは確信します。「瞑想」は精神の世界に至るたったひとつの道だと、敢《あ》えてわたしは断言しましょう。

最後に、わたしが是非、「ひびきの村」で暮らす人たちに伝えたいと考えていることを話させてください。それは、今わたしが話した「瞑想」についてです。

人はまず読み、聞き、学びます。それから学んだことを考えます。「彼は何を言っているのだろう？」「彼が言っていることはいったい何を意味しているのだろう？」と。

そして次にその像を描きます…本を閉じて、図や絵を描くのです。

最後に、それを覚えます。このプロセスを、意識して、また集中して行ってください。もう一度まとめますね。

1　学び理解する。そして考える。（これだけだと知識にブロックされてしまいます）そのために眠ります。

2　頭の中で描く。そして眠ります。

3　学びます。

これが「瞑想《めいそう》」の手順です。

次に、具体的にどのように瞑想するか、ということを話しましょうね。

真の瞑想

1　マントラム（真理の言葉）を唱《とな》えます…精神が示す、真理を表すことばを唱えます。ひとつの考えに集中することは、他の考えを排除するということですね。ですから、あなた自身を「空」にするために、マントラムを唱えるのです。これは「空」になるための訓練です。

2　像に描く（ヴィジュアライゼイション）…一週間、一ヶ月または一年でも続けます。

3　「空」（エンプティースペイス）に聴く。

何度も繰り返し話してきましたが、この世の中の一人ひとりのすべての人が異なった存在であり、輪廻転生《りんねてんしょう》を繰り返しながら、今までに何度も何度もそれぞれが異なった人生を送ってきました。それぞれが異なった道を歩んできたのですから、「精神の世界」へ至る道もそれぞれ異なっていても不思議ではありません。

ですから、一〇〇人いたら、一〇〇通りの瞑想の仕方があるでしょう。それぞれが今在る状態が違ったら、それぞれの瞑想の仕方も、その段階も異なります。イマジニティヴ（想像する）瞑想が大切だと考える人もいます。コンテンプレーション（集中して思考する）が大切だと考える人もいます。エンプティー（空になる）が大切だと考える人もいるでしょう。

人智学を学び実践する者は、ひとつの考え方、ひとつの方法に固執《こしつ》することなく、自分の自由な意志で、さまざまな方法を試すことが大切だと思いますよ。

大事なことは力をつけることであり、他に何の野心も持たずに、純粋に行うことなのです。シュタイナーは実に多くをわたしたちのために残してくれました。

精神の世界に至る道を、『いかにして超感覚的世界の認識を獲得するか』に、詳しく書き残してくれました。

あなたの「精神」が囁《ささや》くことばを聞いてください。一日五分間でいいのです。できることから始めたらいいんですよ。

長い時間、わたしの話を聞いてくれて、どうもありがとう。

「ひびきの村」で、わたしは二週間、素晴らしい時を過ごしました。本当に、人智学共同体が存在しているのですね。そして、本物のシュタイナー学校が始まったのですね。

日本のこんな片隅に、こんな素晴らしい活動が、献身的な人びとによって行われているということを、世界のどのくらいの人が知っているでしょう。

これからのわたしの仕事のひとつは、「ひびきの村」の存在を、世界中の人びとに知らせることだと考えています。

ユーコ、ほんとうにおめでとう！　あなたの使命が果たされつつありますね。

元気で！　また秋に会いましょう！

六月二七日、大きなトランクを下げて、パトリックは去りました。

四年生の時、次郎が言っていましたっけ！「ウェークフォード・エヴンス先生は、大きな心を持っているから、あんな大きな身体をしているんだね。あんな大きな身体じゃないと、先生の心は入らないんだ」って……。

人生を意味深いものにするためのエクスサイズ

「わたしは誰？…わたしが生まれた時」

『シュタイナーによる、人生の七年周期』の誌上ワークショップ！　いよいよスタートです。自分自身の人生を確かなものにするために、ご一緒にエクスサイズを始めましょう。あなたは今、人生のどこにいるのかが、きっとわかります。

「真っ暗で、細長い道を必死でくぐり抜けようとしていました。苦しくて苦しくてたまらず、わたしはもうダメだと諦《あきら》めようとしました。その時、だれかがわたしを強い力でぐーっと押してくれたような気がしました。その瞬間、わたしはふわーっと持ち上げられ、急に息が楽にできるようになったのです。明るい光がわたしのまわりを照らしていました」

「シュタイナーによる人生の七年周期」のワークショップをすると、時々、ご自分が生まれた瞬間を克明に覚えていて、こんなふうに話して下さる方がいます。

「子どもが生まれてくるプロセスを後から知って、それを覚えているように勘違いされているんじゃありませんか？」という疑問が投げかけられることもあります。「自分でもそんなふうに思ったことがあるんですよ。でも、どう考えてもあれはわたし自身が体験したことですし、確かにわたしの記憶なのです」と、その方はおっしゃいます。

今年、わたしのクラスに転入学してきた八年生の男の子も、そういう記憶を持ってると、こんなふうに話してくれました。

「僕、狭くてとってもきゅうくつな所を、一生懸命抜けようとしていたんです。もがいてもがいて…そうしたら、急に明るいところに出て、いきなりお尻を『パンパンパン』と叩《たた》かれて！　すっげー痛かった！」

ノートを一冊用意してください。大判のノートがよいでしょう。これからあなたの人生の数々のできごとを記していくためのノートです。

皆さまも、どうぞ、生まれた時のことを思い出してください。

「わたしが生まれた時のこと」…それを思い出すことが、今日のエクスサイズです。

二〇〇〇年六月から二〇〇一年四月まで、ご一緒にこの講座で学ばれた方々にはお馴染《なじ》みですね。「シュタイナーによる人生の七年周期」…昨年は、その概論を学びました。そしてまた、学びながら、わたし自身が辿《たど》った人生の一部を皆さまに共有していただきました。皆さまの中には、記憶を辿り、わたしの人生の一部に、ご自分の人生を重ね合わせながら読んで下さった方もいらしたことでしょう。

さあ、今年は皆さまの番ですよ！

皆さまが今、もっとも願っていることは何でしょう？

「今している仕事が、自分の本当の仕事なのか知りたい」と思っている方もいらっしゃるでしょうね。「わたしはいったい何のために生まれてきたの？」と深く考えておいでの方もいらっしゃることでしょう。「わたしはどうしてこんな理解のない家族の許《もと》に生まれてきてしまったのかしら？」と悩んでいらっしゃいますか？　それとも「わたしがこの人と結婚したのは、本当に生まれる前から決められていたことだったの？」と考え込んでいらっしゃるでしょうか？「わたしの息子はどんな使命を担《にな》って生まれてきたのかしら？　どうやってそれを知ることができるのかしら？」…。

さまざまな問、さまざまな願いがあることでしょう。皆さまからいただくお便りの多くに、「わたしにはどんな使命があるのか？　それを知りたい。そして、その使命を遂げたい」ということが書かれています。

わたしも長い間、皆さまと同じ問を持ちつづけていました。文学に、宗教に、学問に、芸術に、その答えを見出そうと試みました。そして、わたしは悩み、嘆《なげ》き、彷徨（さまよ）い続けました。答えを見つけられないことに憤《いきどお》ったこともありました。嘆《なげ》いたこともありました。そうして、何度、諦《あきら》めたことでしょう。

けれど、わたしの高次の自我はわたしを見捨てることなく辛抱強く導いてくれました。そして、三〇歳半ばにしてようやくルドルフ・シュタイナーの思想に出会い、人生の最大の謎《なぞ》である「わたしは何のために生まれてきたのか？」という問に対する答えを見出したのでした。

すると、それまでわたしを覆（おお）っていた厚い霧が晴れて周りに大きく広がり、さまざまなものが霧の向こうにぼんやりと見えていた世界がはっきりしてきたのでした。

一年目のこの講座で、皆さまとご一緒に「ゲーテの自然観察」のエクスサイズをしました。一号では、一枚の葉を観察し、それをスケッチしました。但し、そのスケッチの方法がわたしたちが馴染《なじ》んでいるものとは違いました。覚えてらっしゃいますか。

それは、葉を葉として在らしめている目に見えない力、葉の外にあって葉に形成の力、生きる力、伸びる力、変容する力を注いでいる力でした。それらの力を観《み》、それをスケッチするエクスサイズでした。つまり、葉を外側からスケッチするものでしたね。（写真で例えるならネガティヴスペースにあたります）（図参照）

これからわたしたちが始めるエクスサイズは、こういうものなのです。わたしたち自身を描き出すために、わたしたち自身を描くのではなく、わたした

ちの周囲に在って、わたしたちに力を注ぎ、光を当て、わたしたちを熱で包み、わたしたちを形つくっているもの…出会った人、訪れた場所、読んだ本、耳にした音、言葉、目にした風景、さまざまな色…を描くことによって、わたしたち自身が描かれるのです。

わたしたちの人生は、わたしたちが出会う人、耳にすることば、奏でる音楽、詠《よ》む詩、わたしたちの目に映る自然、街、色、人、わたしたちが味わう食物、わたしたちに触れる風、熱、水…によって創られます。そしてまた、わたしたちに向けられる愛、慈悲、労（いた）わり、時に憤り、怒り、恨《うら》み…によって創られます。

つまり、わたしたち自身とわたしたちの人生は、わたしたちの周りに存在する全てのもの、地球に在って、宇宙に在って目に見えるもの、見えないもの、耳に聞こえるもの、聞こえないもの、味わえるもの、味わえないもの、肌に触れるもの、触れないもの、匂いが嗅《か》げるもの、嗅げないもの…すべてのものによって創られているのです。

ですから、わたしたちがわたしたち自身を知ろうとするなら、そして、わたしたち自身の歩んできた人生を理解したいと願うならば、わたしたちがこの地上に生まれてから出会ったすべて人、すべての考え、すべての出来事、そしてすべての物を知ることによってそれが可能になるのです。

葉のスケッチをした時、葉を象（かたど）っている力や葉を在らしめている力を、葉そのものの内と、その外に見たように、わたしたちはわたしたち自身を創っている力を、わたしたち自身の外側に見ることが必要なのですね。

昨夜見た、うっすらと雲がかかった上弦《じょうげん》の月がわたしに強く働きかけ、わたしの一部となったことをわたしは感じます。わたしの身体は神々しい月の輝きを浴びました。月が膨《ふく》らんでゆく予兆《よちょう》とその輝きはわたしの心をときめかせ、無上の憧れを抱かせました。わたしの精神は月が従っている法則を認識し、それを厳粛《げんしゅく》に受け止めました。

こうして、夜空を仰《あお》いで立っていた五分という短い間にも、わたしは月を眺《なが》めた以前のわたしとは違う存在になっていたのです。

今日、「いずみの学校」に山口県の宇部市から友人が訪ねてきました。彼女が運んできたシュタイナー学校に寄せる熱い思いや、わたし達を支えてくださる尊いお気持ちが、彼女の佇《たたずま》いとことばが伝えてくれました。一緒に短冊に願い事を書いて笹の枝に結びました。「シュタイナーいずみの学校」も、わたしの教室も、わたしの担任の子どもたちも彼女がもたらしたものによって、以前とは異なる存在になりました。わたしはそれを確実に感じます。

わたしたちが関わった人、その人自身はわたしたちの外側にある存在ですが、わたしたちはその方々をわたしたちの内に取り込み、わたしたちの内の力とすることができます。そうして、わたしたちは自らの人生を膨《ふく》らませ、人生を彩《いろど》りあるものにし、人生を実りあるものとすることができるのです。

思い出すことを辛く感じる体験があるかも知れません。忘れた振りをしたくなる悲しい思い出もあることでしょう。また、ずっと浸っていたい楽しい思い出もあるでしょう。思い出すたびに胸が躍《おど》り、わくわくする経験もあることでしょう。

このエクスサイズは決して、わたしたちが人生の傷と感じていることを探り出し、抉（えぐ）って膿《うみ》を出し、治療を施《ほどこ》そうというものではありません。忘れかけていた恨《うら》みを思い出して、もう一度辛い思いを繰り返すためではありません。心の片隅に追いやっていた屈辱《くつじょく》を引っ張り出して、涙を流すためでもありません。

そうではなく、世界でたったひとりの存在であるわたし自身を心から愛し、わたし自身を敬《うやま》い、慈《いつく》しみ、わたしの担《にな》っているこの世での使命を遂げることができるようにするためなのです。

もちろん、わたしだけではありません。友人、隣人、家族…共に生きるすべての人を愛し、敬《うやま》い、慈《いつく》しみ、共に使命を遂げるためなのです。

わたしの人生を、あなたの人生を、同僚の人生を、パートナーの人生を、世界のすべての人の人生を肯定し、敬《うやま》い、尊ぶことができるようになるためのものなのです。

そして、なによりも大切なことは、そのことによって、わたしたちはこれから先、運命を創り変えることができるということなのです。

さて、これからわたしたちの人生を振り返る作業を致します。

エクスサイズ1

あなたが生まれた時のことを思い出してください。もちろん、あなた自身が覚えていないのであれば、周囲の方から聞いたことでもかまいません。あるいは図書館で調べることもできるでしょう。

- あなたが生まれた年、日、時間は？
- あなたが生まれた日の天候はどうでしたか？
- あなたが生まれた年に、社会ではどんなことがありましたか？
- あなたが生まれた日に、著名な方が亡くなりましたか？
- あなたが生まれた時の、家族構成は？
- あなたが生まれたのは産院ですか？　病院ですか？　それとも自宅ですか？
- あなたが生まれた時、お父さんはどんな仕事をしていましたか？
- あなたが生まれた時、お母さんはどんな仕事をしていましたか？　それとも専業主婦でしたか？
- あなたが生まれた時、あなたの家族はどんな家に住んでいましたか？　色、型、材質、大きさ…。
- あなたの家族は健康でしたか？
- あなたの家族の経済状況はどうでしたか？
- あなたの家族は仲良く暮らしていましたか？
- あなたが生まれたその環境はどうでしたか？　町の中？　郊外？　山？　海辺？　静かでしたか？　賑《にぎ》やかでしたか？
- 近所にはどんな人が暮らしていましたか？　あなたの家族はその方たちと親しくしていましたか？

いかがでしたが？　思い出せば出すほど、こまごましたことが脳裏《のうり》に浮かんできたのではありませんか？　そして、生まれたばかりのあなたを囲んで、皆が嬉しく楽しく、幸せな気持ちで暮らしていた…その時の空気が漂《ただよ》ってくるようではありませんか？

あなたに託《たく》した希望、あなたの内に見た可能性、あなたに秘められた使命…あなたのご両親と家族の皆が、あなたを厳《おごそ》かな気持ちで迎えたとの厳粛《げんしゅく》な空気が感じられますか?

わたしがこのエクスサイズをして、はじめてその荘厳《そうごん》で厳粛な空気を感じた時、わたしは思わず胸を詰《つ》まらされたものでした。こんなにも待たれ、こんなにも祝福され、こんなにも導かれてわたしはこの世に誕生したのだ、という事実がわたしを感動させたのでした。

もし、「わたしは別に誰にも待たれてはいなかったわ。無計画のままに生んでしまって、わたしの両親はとても困っているようだったし、わたしが生まれて迷惑だったのよ」とおっしゃる方がいらっしゃるかもしれません。そうですね、それが現実だったということもあるでしょう。

けれど、あなたのご両親の精神は、あなたのご両親の高次の自我はあなたの誕生をとてもとても喜んでいたのですよ。自分たちの子どもとしてあなたと出会ったこと、家族として共に生きること、そして、互いの存在が働き合って必要な体験をし、必要なことを学び、そして、「精神の進化」を遂げることができることを…あなたのご両親の高次の自我は確かに喜んでいたのですよ。

この世の側から見て、たとえ悲惨な状況に生まれてこようと、これ以上不幸な境遇はないと思われるほどの、劣悪な環境に生まれたとしても、どんな人の誕生も、天と地に在るすべてのものが祝福しているのです。たとえ、誕生して一時間後に天に召されようとも、です。地上に生まれ、一時間を地上で過ごすというその子の運命は遂げられたのですから…。

わたしたちは地上的な価値観だけで、幸せを喜び、不幸せを嘆く必要はないのです。わたしたちは地上的な幸せを求めて、物質的に幸せになるためにこの地上に生まれてきたのではないのです。

もっとも大切なことは、わたしたちが生まれる前に、地上で遂げようと決めてきた使命を遂げることができたか、と言うことなのです。

あなたが誕生したとその状況を、あなたが幸せとは感じられないとしても、それが必要なことだったのです。そして、それはあなたがこの世で果たすと決めてきたあなたの課題と使命を遂げるためにあなたが選んだのです。どうぞ、確信をもってください。そういう運命を選んだあなたと、あなたのご両親と、あなたの家族に感謝の気持ちを持ってください。そして、そういうあなたの運命に畏敬《いけい》の念を捧《ささ》げてください。

あなたの誕生を天が祝福したように、あなたがあなたの誕生を心から祝福してください。そうすることができたら、その瞬間からあなたの人生は大きく変わります。あなたの全存在があなたの誕生を喜び、寿《ことほ》ぎ、祝っているのです。あなたは全力をあげて今《こん》生《じょう》での課題に向き合い、それによって使命を果たすことができるに違いありません。

あなたの誕生は、はるか昔から、全宇宙の進化の計画の中にありました。それは、全宇宙の進化のために欠くことができない、どうしても必要なことだったのです。それほど、あなたの誕生は重要なことだったのです。

さて、次のエクスサイズに移りましょう。あなたはエクスサイズ1で思い出されたような環境で、いろいろな人に囲まれて成長しました。そして、三歳になりました。

エクスサイズ2

①あなたの人生で、もっとも古い記憶を探ってください。

- あなたが育った周囲の環境はどんなものでしたか？　温かいものだったでしょうか？　冷たいひっそりした感じでしたか？　安定したものでしたか？　不安定なものでしたか？　厳かな雰囲気だったでしょうか？　明るい感じだったでしょうか？　固い感じでしたか？　心地よいリズムを持ったものでしたか？　それとも一定のリズムがない環境でしたでしょうか？
- あなたの周りにいた大人の気質はどんなものでしたか？　それを、あなたはどんなふうに受け取っていましたか？　あなたはそれに大きな影響を受けましたか？
- あなたの家の中にあった物の中で覚えている物は

ありますか？　それは何ですか？　どんな色でしたか？　形は？　匂いは？　大きさは？　材質は？
・あなたはどんな体形をしていましたか？　まるまるとしていましたか？　痩（や）せていましたか？　骨太でしたか？　華奢（きゃしゃ）でしたか？
・あなたの気質は？
・あなたの性質は？
・あなたはなにか癖《くせ》を持っていましたか？
・あなたはどんな傾向を持っていましたか？　外で遊ぶことが大好きな子どもでしたか？　家の中で家族と過ごすのが好きでしたか？　動物を見たり、動物と遊ぶことが好きでしたか？　それとも花や草を摘《つ》むのが好きでしたか？　どろんこ遊びが好きでしたか？　動くことが好きでしたか？
・この頃、あなたの運命を変えたと思われるようなことがありましたか？　例えば、引越しをしたとか、両親が離婚したとか、家族のだれかが大病をしたとか…幸運なこともあったでしょうか？

気が付かれた方もいらっしゃると思いますが、わたしたちが思い出すように促されていることは、それぞれが身体にかかわること、生命体にかかわること、感情体にかかわること、そして、精神にかかわることです。（人間には身体、生命体、感情体、自我が備えられているという、ルドルフ・シュタイナーの人間観については「シュタイナーに学ぶ通信講座第一期第1号を参照して下さい」）

思い出すことの中でも体質、体形、癖《くせ》、習慣などは身体にかかわることですね。住環境、社会的な環境、あなたの健康状態、気質、傾向は生命体にかかわることです。あなたの周りの人達が持っていたムード、その代表的な共感と反感は、感情体にかかわることですね。そして、あなたの運命を変えるような出来事、人、そして、あなたを襲った危機、幸運なことなどは、精神の働きによるものです。

ご一緒に学びましたように、ルドルフ・シュタイナーの人間観に依りますと、生まれてから七歳までの間、子どもの身体はひたすら成長します。そして、生まれた時には三〇〇〇グラム位だった体重が一歳になると9キログラム、50センチメートルほどだった身長は75センチメートルになり、体重は約3倍に、身長は約1・5倍にもなりますね。身体の骨格も機能もしっかりしたものになってきます。そして子どもは、歩き、話し、考え（勿論、大人の思考とはまったく違うものですが）ることができるようになります。

この時期の子どもは、周囲の力によって育てられます。自分の力では何もできません。与えられるものをひたすら受け取り、成長するのです。

与えられるものをひたすら受け取る態度は、何によってもたらされるのでしょうか？　そうですね、信頼する心ですね。子どもたちは信頼しているからこそ、お母さんに抱かれ、お父さんの後をちょこちょこと付いて歩き、おばあちゃんが口に運んでくれるものを食べ、おじいちゃんに手を引かれて歩くのですね。

子どもは周囲にいるすべての人を、心から信頼しています。すべての人が彼等を愛し、彼等を慈《いつく》しみ、彼等を大切にしてくれるものだと信じているのです。

また、彼等の周りにあるものに対しても、疑うことをしません。周囲にある物が彼等に危害を与えるなどとはまったく感じないのです。ですから、どんな物にも手を伸ばし、触り、握り、口に入れるのですね。世界は美しく、人は善であるということを、子どもたちは心から信じているのですよ。

あなたが育った環境はいかがでしたか？　あなたの信頼に応えるような環境でしたか？

読んで下さっている皆さまの中には、戦争を体験された方は数少ないと思いますが、戦時下に生まれ、育った子どもたちにとって、世界は信頼できるものではありませんでした。戦い合っている時、人は善き存在でいられることが少なかったことでしょう。

わたしも一九四五年四月に中国の北京で生まれました。戦争が終わってから、母とわたしはしばらくは収容所で暮らした後、日本に引き揚げてきました。

母から聞かされ続けた収容所での悲惨な生活、日本へ戻ってくるための長い過酷《かこく》な旅…十分な食物がなく、わたしにお乳を含ませることができなかった母は、勿論《もちろん》、粉乳など手に入れることも叶《かな》わず、わたしにコーリャン（中国の穀物）をかみ砕《くだ》いて食べさせたそうです。それが原因でわたしは酷《ひど》い下痢を起こし、その上、肺炎を罹《わず》ってわたしは死にかけたといいます。

それでも、わたしの運命は、わたしを生きて日本に連れて帰ってくれました。そんな赤ん坊のわたしの目に映った世界は、決して美しい光景ばかりではなかったはずです。人は時に一枚の手ぬぐいをめぐって争い、ひとつの芋《いも》を奪い合ったと聞きます。

それでも、そんな環境の中でわたしに愛を注ぎ、わたしを慈しみ、わたしを育ててくれた母がいました。そして、そんな若い母を助けてくださった多くの方々がいたことも、わたしは繰り返し聞かされています。

辛い思い出、過酷な体験、非情な人々、殺伐《さつばつ》とした光景…その中に生まれ育ち、それでもなお、わたしは世界を美しい所だと感じ、人を善だと信頼し続けてきたように思います。

それは、わたしの人生のはじめての記憶が、光と愛と温かさに満たされたものだったからかもしれません。

若い父親と母親が、わたしの後を並んで歩いていました。わたしは白い服を着、白い帽子をかむり、両手を拡げて光に透かして見ていました。振り返るといつでも両親がわたしに微笑みかけてくれました。木立から明るい陽がさし込んでいました。清々《すがすが》しい風が木立を吹き抜けてゆきました。

わたしは五六年もの長い時間を生きてきました。来し方を振り返るとき、真っ先に心に浮かんでくるのはいつもこの光景です。恥ずべきこと、謝らなければならないこと、懺悔《ざんげ》すべきこと、悲しいこと、辛いこと、寂しいことを、わたしは数多く経験しました。「わたしの人生は本当に意味のあるものなのだろうか？」という思いに捕らわれることも多々ありました。そんな時、いつでもわたしを救ってくれたのは、わたしのこの記憶でした。

わたしの人生の最初の記憶としてわたしの心に残っているこの記憶は、もしかすると、どこかで見た絵の中にあったものかも知れません。昔見た映画の中の一シーンだったかもしれません。本で読んだことを、あたかも自分の身に起こったことのように記憶しているのかもしれません。聞いた話を自分の体験と取り違えているのかも知れません。あるいは、無意識のうちにわたしが創りあげたことかもしれません。

それでも、この光景を、わたしはわたしの人生の最初の記憶だと確信しているのです。そして、この記憶はわたしの人生の礎《いしずえ》となっているのです。そして、わたしに力と光と熱と愛を与え続け、すべての良きものの象徴としてわたしを支え続けてくれました。そして、これからも…。

ご自分の人生を確かなものにするために、「シュタイナーによる人生の七年周期」の考え方を基にして、これからもご一緒にさまざまなエクスサイズを致しましょう。

わたしたちは時折、見知らぬ町を訪ね、道を失ってしまうことがあります。見失ってしまった多くの場合は、「今、自分がいる所がどこであるか分からなくなってしまった」からです。

そんな時、わたしたちはどうするでしょう？

そうですね、まず、今自分がいる所がどこであるか確かめますね。

では、どうやって確かめたらよいのでしょうか？

わたしたちは周りを見回します。見知っている人、見覚えのある建物、標識、看板…ありとあらゆる、馴染《なじ》みのあるものを探すでしょう。

それと同じように、わたし自身を探すために、わたし自身を確かな存在とするために、そして、わたしと共に生きている多くの人の人生を確かなものとし、互いに愛し、敬い、慈しみながら生きてゆくために…そして、共に「精神の進化」を遂げることができるようになるために、わたしたちは、わたしたちの周りに存在する人やものを確かめる必要があるのです。わたしたちが体験したことを認める必要があるのです。

どうぞ勇気を出してください。あなたの過してきた日々を振り返ってください。あなたはそこに必ず光と愛と信頼を見い出すに違いありません。

ご一緒に考えましょう Q&A

第三期のQ＆Aは、主に教育について学びましょう。子ども達と教育をテーマにしたご質問を編集部にお寄せください。もちろん、他のテーマでも結構です。

皆さまとご一緒に、この二年の間、シュタイナーの思想と、その思想を根底に据《す》えたシュタイナー教育を学んできました。三年目の今年は、主に、わたしたちと社会の関わりについて学び、考えたいと決めました。本文はそのテーマに沿って考え、書きました。

けれど、子どもの成長の過程を正しく理解し、認識し、育て、必要なことを教える…そのためにわたしたちが学ぶことは、まだまだ山ほどあります。皆さまから、ご質問もたくさんいただきます。わたしたちの前に山積している課題や、抱えている問について、みなさまとご一緒に考える場と機会をつくりたいと思いました。そして、考えた末、この「Q and A」のコーナーを、皆さまとご一緒に、教育について学び、考える場とすることにいたしました。

勿論、わたしたちの前には、教育以外にも多くの課題と問題が山積しています。問題を人のせいばかりにして、手をこまねいていていてはいつになっても解

Q&Aのご質問は、FAXか郵送で

質問をお寄せください。
FAXまたは郵便でお願い致します。
あて先〒101-0054東京都千代田区神田錦町3-21　三錦ビル
ほんの木「大村祐子さん」Q&A係まで
FAX03-3295-1080　TEL03-3291-5121（編集室）
あなたのお名前、ご住所、電話番号をお書きください。
質問は編集部で100～200字以内にまとめます。原則的に記名で掲載します。（イニシャルも可）

決しません。なんとか、わたしたちができることを見つけだし、今すぐにも行為に移さなければなりません。それについては、他の項でご一緒に学びましょう。

したがって、本文では教育以外のことを、この「Q and A」のコーナーでは主に教育のことを、ご一緒に学び、考える、というように決めました。この方法で不都合なことがありましたら、それが明らかになったその時にご一緒に考えましょう。必要な時にはわたしたちはわたしたちの意志によっていつでも、改めることができるのですから…。

Q **障害者教育には教育の原点がたくさんあるように思います。シュタイナー教育の場合、障害者教育をどう捉えているのでしょうか？**
（東京都　匿名希望）

A わたしは治療教育を専門に学んでいませんので、治療教育についてわたしが理解していること、知っていることはとても少ないのです。が、シュタイナーの治療教育に関心を持っておられる多くの方々から、治療教育についてご質問をいただいています。イザラ書房から、ルドルフ・シュタイナー著『治療教育』高橋巖訳が出版されています。わたしたちシュタイナー教育に携《たずさ》わる者にとって、バイブルのような珠玉《しゅぎょく》の書です。どうぞ手にとって、お読みください。

ここに、簡単にわたしが理解していることだけを書きます。

…健全な身体に健全な精神が宿る…という格言があります。永《なが》い間、わたしはこのことばに何の疑問も持たずに過ごしていました。実際、身体の具合が悪い時、わたしはとても悲観的になり、なかなか物事を客観的に観ることができません。問題を極端に自分に引きつけて必要以上に嘆いたり、あるいは反対に、遠ざけて冷淡な態度をとることが往々にしてあります。そんな時は「ああ、はやく元気になりたい。元気になったらもっと明るい気持になれるのに…」と思ったものです。

これは、かつてわたしがいかに短絡的で、しかも表面的な考え方を持ち、即物的な在り方をしていたかということを如実《にょじつ》に示していると思うのですよ。

本当にわたしは健康な時にだけ、健全な考え方や健全な在り方ができるのでしょうか？　そうだとしたら、肺結核を患って療養所で過ごした日々、わたしは不健全な思いや不健全な考えしかできなかったのでしょうか？

いいえ、そんなことはありません。健康な身体で学校に通い、テストの一点、二点に一喜一憂していた頃より、病を得て療養所で過ごしていたわたしの方がずっと健全な思いと健全な考えを持って暮らしていました。

病を得たわたしは雨が降る日、軒《のき》を打つ雨の音に聞き入り、月夜の晩には月の雫（しずく）を浴び、時には風の中をすっとんでゆく雲のはしきれを眺《なが》め、詩を作り、絵を描き、音楽を聴き、世界について、人間について考えました。

今思い起こしても、わたしの人生の中であれほど輝いていた時は他にそうはありません。わたしの身体は不健康でしたが、わたしの考えは健全でした。その時、…健全な身体に健全な精神が宿る…という考えは違っている、とわたしは確信したのです。

一七歳のわたしが自分の体験から確信したことは、後に、ルドルフ・シュタイナーの人間観を学んだ時、わたしの内で正しい認識となりました。シュタイナーは…人間の精神は病気にならない…と言います。

わたしは障害を持つ方々と、身近に暮らした経験がありません。若い時に、縁をいただき、多少のお手伝いをさせていただいたことがあるだけです。

わたしがはじめて彼等と出会ったのは、アメリカのニューハンプシャー州にあるキャンプヒルでした。そこには一〇代半ばから二〇代の障害を持った若い方々が暮らしていました。短い間でしたが、わたしはみんなと仲良く過しました。

二一歳のキャシーはずーっと以前からの友人のように思えてなりませんでした。彼女とは毎日同じ工房で働き、休み時間や仕事を終えた後、たくさん話をしました。英語を母国語としないわたしと、話すことが少し不自由だったキャシーは一時間も二時間も、時には時間を忘れて話し込むことがありました。

わたしは彼女と一緒に過ごす時間がとても楽しく、待ち遠しかったのです。まだ雪が残る畑の中を、池の畔《ほとり》を、木漏《こも》れ日が落ちる林の中を、ふたりで散歩した日々を今でも懐《なつ》かしく思い出します。

その頃、わたしはルドルフ・シュタイナー・カレッジでシュタイナー学校教員養成プログラムを終え、サクラメントのシュタイナー学校でアシスタント教師として働いていました。そして、パトリックとふたりで勉強会を始め、ルドルフ・シュタイナーの「治療教育」の本を読んでいました。キャシーと共に過ごすうちに、シュタイナーのことばの数々が、わたしの内で蘇《よみがえ》り光を放ち始め、真実のものとなってゆきました。

今、治療教育についてわたしが理解していることは次のようなことです。

人間が永い永い進化の過程を経て身体を持つようになった時、（シュタイナーの進化論を是非、お読みください。このシリーズの二期第5号P52「人生の完成に向かって」にも簡単に記しました）人間は身体を通して自己を実現できるようになりました。それ以後も、そしてこれから先、人間は輪廻転生《りんねてんしょう》しながら自己を実現し、進化してゆくのです。精神界での生と、この地上での生を繰り返しながら…。

人間は身体をもってこの地上でしか遂げることができない課題を、その生を受ける時どきに担ってきます。その課題が、時に、不完全な発育段階に留まる身体を持つということもあります。そのような生を生きている人を、わたしは障害を持つ人と理解しています。そして、治療教育とは、そういう人がこの世で果たさなければならないカルマを果し、そして未来に向って正しく新しいカルマを創ることができるように手助けをすることだと考えています。

ご質問に答えるために、わたしはもう一度シュタイナーの著書『治療教育講義』を読み直しました。この著書のはじめから終わりまで、すべてのことばが真実だということを、改めて深く感じ考えました。みなさまにそのすべてをお伝えしたいのですが、それはできません。ほんの一端をお読みください。是非、著書をお読みください。真の教育の神髄《しんずい》が書かれています。

■不完全な発育段階に留まりつづけている子どもが大勢います。そう言う子どもたちも良い教育を受けなければなりませんし、可能な限り正しい治療を施されなければなりません。

■教育はいわゆる健康な人のための治療なのであり、治療はいわゆる障害のある人のためのその特殊ケースであるに過ぎません。

■目の前にある事実を直視することです。そして勇気をもって、ある瞬間だけではなく、持続して、「わたしにはできる」という意識を保ち続けることが必要です。

■大切なのは、人間の中から生じてくるもの、特に異常な状態で発達してくるものに愛情深い帰依の心で接し、そうすることで問題点を見つけだす直感力を自分の中につくり出すことなのです。その時、皆さんはおのずと正しいことが言えるようになります。

■わたしたちにとって問題は、この子にとっての大切な治療教育上の課題は何か、ということです。いちばん大切な目標は、不調和な仕方で形成された身体の中に、霊的魂的な働き（精神と心の働き［著者注］）を及ぼすことです。そこにはカルマの葛藤が根底に潜《ひそ》んでいます。

■障害のある子には感激することがとても大切です。

まだまだたくさんあります。前に書きましたように、「治療教育」をそのままここに書き写したいと思うほどです。シュタイナーは教育のエッセンスのすべてを、この講演の中で述べています。学ぶことは実にたくさんあります。けれど、いつも皆さまにお伝えしていることですが、わたしは一時（いちどき）に多くのことができません。わたしにできることは、いつでもほんの少しのできることから一つずつ行うことです。

今も、子どもたちと接する時、もっとも心に掛けて実践していることがあります。これもまたシュタイナーの『治療教育講義』の中から学びました。シュタイナーのことばをそのままお伝えいたします。

シュタイナーは次のことを教育の原則として、わたしたちに示しました。

「すべての教育にとって必要な原則…この世においては、人間本性のどの部分がどんな現れ方をしていても、その部分に有効な働きを及ぼすことができるのは、人間本性のそれよりも一段高次の部分なのです。身体を発達させるためには、生命体の活動が必要であり、生命体を発達させるためには、感情体の活動が必要であり、感情体を発達させるためには、自我の活動が有効な作用を及ぼすのです。そして自我のためには霊我（自我が一段進化した状態［著者注］）の活動だけが有効な作用を及ぼすことができます。

ある子どもの生命体がなんらかの仕方で萎縮《いしゅく》してしまっていることが分かったら、皆さんには自分の感情体を使って、それが子どもの生命体によい作用をおよぼせるようにしなければなりません」

シュタイナーは、生命体に問題のある子どもには、感情体で働きかけなさい、とわたしたちに示しているのですね。そして、シュタイナーは教師の感情体が、子どもの生命体に働きかける例として、こんなことを話しました。

「たとえば子どもの肝臓部分の生命体が萎縮《いしゅく》していたとしましょう。その場合、子どもは常に何かをしようとする意図を持ちながらも、その意志が行為の手前で立ち止まってしまうのです。さて、教育者がこのことに感情の全エネルギーをもって内的に関わり、この停滞を一緒になって感じ取り、それへの深い同情心を発達させ得ることができるならば、自分の感情体を通して、子どものこの状況をよく理解できるようになります。そして次第に子どもの態度に対するあらゆる種類の主観的な共感や反感を根絶することができるようになります。教育者が自分の主観的な共感、反感を根絶することは、自分自身の感情体によい自己教育的な働き方をすることになるのです。たとえば行こうとするのに行けない子どもに対して、直ぐに共感や反感をいだく限り、どんなにわずかでもそれによって興奮させられてしまう限り、有効な教育はできません。客観的に眺《なが》め、平静な態度で同情心以外の何も心にいだかないまでになったとき、正しい態度で子どものそばにいることのできる感情体をもつことができたのです。教育者としての自分がどのような存在であるかということだけが本質的に重要なのです」

わたしが教師として仕事をしている「シュタイナーいずみの学校」にも、不完全な発達状態にいる子どもがいます。残念なことにわたしたちの中の誰ひとりとして「治療教育」を専門的に学んでいません。が、定期的に専門家にお出でいただいて勉強を続けています。そして、特別に手助けが必要な子どもには、その子どものために専任の先生がついています。そしてわたしたちはこれからも続けていっそう励んでゆこうと考えています。

わたしたちの学校で先日こんなことがありました。公立の学校で、学習困難だと判断された四年生の男の子が、四月に「シュタイナーいずみの学校」に転校して来ました。ひとりの教師が、その子どもを手助けすることを申し出ました。そして、新学年が始まってから、その教師はいつでもその子どもと一緒に授業に出ていました。

ある日、教職員会議でその教師は、「わたしは何もすることがないのですよ」と話しました。その子どもは実際何の手助けも必要としてないというのです。わたしもその子どもがいるクラスで蜜蝋《みつろう》粘土の授業を持っていますが、彼に対して何の困難も感じたことがありません。

しばらくすると、わたしたちはその子どもが学習困難であると言われていたことをすっかり忘れてしまいました。

それから二ヶ月経った頃、各クラスの担任と父母との懇談会がありました。その席で、その子どもの母親が「うちの子どもの様子はどうでしょうか？他のお子さんについていけているのでしょうか？」と聞かれて、担任ははじめてその子どもが学習困難な子どもと断定されていたことを思い出したのです。

学校では決して笑わなかった子どもが、始終こぼれるような笑顔を見せ、書けないと思われていた文字を書いて文章を作り、描いたことのなかった輝くような水彩画を描く…このことがいったい何を意味しているのか、わたしたちに何を示しているのか、今、わたしたちは深く考えています。

Q シュタイナー学校でない、日本の大多数の学校で（小、中、高）教師が、どのようにシュタイナー教育を取り入れてゆけるでしょうか？ 教師の在り方、具体的な科目指導に関して教えてください。

（京都市 田中伸子さん）

実際のシュタイナー学校では、年齢（学年）に沿って、どんなカリキュラムで、どんな方法で、どんな内容を授業で行っているのかを知りたいのですが。

（千葉県 合田由起子さん、北海道 匿名希望）

A 詳しくお知らせしたいと考えていましたが、今号では紙面の余裕がありません。ごめんなさい。一一月号まで待ってください。

必ず詳しく書きます。二〇〇〇年に東京と大阪で行った「ひびきの村」の「こどもの園」と「シュタイナーいずみの学校」のスクーリングレポートが、出版社「ほんの木」から発行されました。（ひびきの村『シュタイナー教育の模擬授業』）そこに、「シュタイナーいずみの学校」の二〇〇一年度一学期の各クラスのカリキュラムが載っています。参考になさってください。

Q 普通の学校教育と、どういうところが一番違うのでしょうか？ それが知りたいです。

（千葉県 山下美保さん）

A わたしが暮らしている「ひびきの村」では、二〇〇一年四月からシュタイナー学校の教員を養成するプログラムが始められました。日本の教育の現状を、なんとか変えなければならない。このままでは子どもたちが育たない…そう考えたからでした。

勿論、日本中の学校をシュタイナー学校にしなければいけない、と考えているわけではありません。けれど、シュタイナー教育を学べば学ぶほど、実践すればするほど、ルドルフ・シュタイナーの深い洞察によって得られた人間観がどれほど正しいものであるか、その人間観を基にした教育が、どれほど素晴らしいものであるか、子どもの本質に沿ったものであるか、ということをわたしは実感しているのです。

シュタイナー教育を受けた子どもたちが、「世界を自分の心で感じ、自分の頭で考え、感じ、考えたことを自分の手足を使って行為する」ことのできる真に自由で自立した存在となり、彼等が真に世界の、人類の進化に役立っているということを、わたしはこの目で見ています。

世界中の、日本中の学校でシュタイナー教育を行うことができないとしても、教育に携《たずさ》わるひとりでも多くの人が、シュタイナーの人間観を学び、それを自らの認識とすることができるようになったら、その方々の在り方が変わり、生き方が変わる、とわたしは確信しています。わたしとわたしの仲間が、そうであったように……です。そうすれば、彼等が行う教育も変わります。教育が変われば子どもたちが変わります。子どもたちが変われば、日本も、世界も変わる筈《はず》です。

一年間のプログラムは決して十分ではないということは、勿論分っています。それでも、受講されている方々は真剣に、懸命に学ばれています。

六月の二六日から二八日までの三日間、彼等はプログラムの一環として「シュタイナーいずみの学校」を見学しました。彼等は、他の学校とシュタイナー学校の違いを大きく感じ、とても驚いたようです。彼等の体験記を是非、お読みください。シュタイナー学校の違いがお分りになると思います。（了解を得られた方のレポートのみ、掲載させていただきます）

いずみの学校で体験したこと

林　道恵

二〇〇一年六月二七日（水）二八日（木）二九日（金）の三日間、教員養成講座でいずみの学校見学があり、私は六月二七（水）と二八（木）の二日間はいずみの学校を見学させて頂き、二九（金）はこどもの園の見学をさせて頂きました。

いずみの学校見学では、7・8年生のメインレッスンと、1・2年のムーブメントを見学しました。私は、今年の一月にひびきの村で行われた公開教師研修会に参加したときに、祐子先生、麗《れい》先生、祥美《よしみ》先生、貞雄先生のメインレッスンを体験しましたが、今回は実際に教育の現場で、子どもたちのためのメインレッスンを見学しました。メインレッスンの内容は数学で、x=yの座標軸を勉強しました。八時三〇分から一〇時一五分までのメインレッスンのうち、座標軸の勉強が始まったのは九時一五分ころからでした。それまでの時間は、子どもたちは祐子先生と握手をして朝の挨拶をし、雑談をし、朝の詞を唱《とな》え、体操をし、暗算をし、祐子先生のする手足のリズムをまねし、リコーダーを吹き、歌を歌い、そして詞を唱《とな》えました。徐々に子どもたちの意識が目覚めていき、数学の授業でたくさん考え、真剣に問題に取り組む様子を見ました。そして、祐子さんが真剣に子どもたちと向き合っていることを祐子さんの表情を通して、言葉を通して、態度を通して、感じました。祐子さんの存在すべてが、子どもたちに必要なことをしようとしているのを私に感じさせてくれました。

私が7、8年生のメインレッスンで特に心に残ったことはふたつあります。ひとつ目は、子どもたちが座標軸の勉強をしている時のことです。子どもたちが発言する時に、祐子さんは子どもがあいまいな言葉を言うと聞き返し、何を言いたいのかを考えさせ、はっきりとした内容を言い表す言葉を求めていました。メインレッスン後にこのことについて、「それは7・8年生だからすることなんですか?」と私は祐子さんに聞きました。祐子さんは、「そう。思考の力が育ち始めている時なので、そうしている」といって、言葉と思考は結びついているので言葉をはっきりとさせている、そうすることによって思考の力が育つ、と教えてくれました。

雑談の時は楽しく話すのが目的なので、「主語がない」などと言葉についてはうるさく言わないが、授業でははっきりとさせていると祐子さんは言いました。そして、教師も言葉をはっきりと使うことが大切だと祐子さんは言いました。私も、はっきりとした言葉を使うように意識しよう、と思いました。

私が7・8年生のメインレッスンで特に心に残ったことのふたつ目は、リコーダーを吹く前にこれから吹く曲について、この曲を初めて聞いた時に自分はどう感じたかを祐子さんが子どもたちに聞いていた時のことです。「こうこうこういうことが書いてありました」と言うゆうかちゃんに、「そうね。それは、書いてあったことよね。それで、あなたはどう感じたの?」と祐子さんが言ったことです。ゆうかちゃんはそういわれて困って、なんて答えたらいいんだろう…という雰囲気に見えました。私も「それで、あなたはどう感じたの?」と言われたら困るだろうなぁ、私も答えられなくなるだろうなぁ、と思いました。人が感じたことを自分が感じたこととしてしまうのではなく、自分が何を感じているのか、自分の心で感じられるように、私も意識して自分の感情と向かい合ってゆこう、と思いました。そして、自分が感じたことは自分だけが感じることなのか、みんなが感じることなのかもわかったら、今よりずっと必要なことができると思いました。

二日目は、1・2年のムーブメントを見学しました。ピーター先生の授業です。ピーター先生が日本語と英語を話し、動き、歌い、そして子どもたちはそんなピーター先生の真似をしていました。子どもたちがたくさん笑っていました。喜びを持って授業で学んでいました。前日は7・8年生のメインレッスンを見学し、思考の力が育っている子どもたちを見ました。そして今日は、感情が育ち始めている子どもたちを見ました。まだ1・2年なので、幼児のように模倣する力があるのも見ました。ピーター先生の小さな子どものための流れるような授業の展開を見て、素晴らしいと思いました。そしてこの日は、トヨ先生とお話しして、トヨ先生のバイオグラフィーの一部も聞き、楽しかったです。

そして、祥美《よしみ》先生から、シュタイナーは教師の仕事を天上で天使がしていた仕事をかわりにすることだと言っている、と聞き、怖くなりました。子どもが地上に降りてくる前は天使が子どもの魂を導いていて、地上に降りてきたら今度は教師が天使の代わりに導くのだ、ということでした。

三日目は、こどもの園へ行き、保育の見学をさせて頂きました。シュタイナー幼稚園の保育の見学は初めてだったこともあり、緊張してその日を迎えました。この日は緑色の洋服を着る日だったのですが、私は緑色の服を持っていませんでした。それで、このみさんが幼稚園に置いてある緑色の服を貸してくださいました。きれいな緑色で丈が長く、裾《すそ》が広くてふわっとしたワンピースでした。私は長い丈のスカートをはいたことがほとんどありませんでした。でも、この借りたワンピースを着ていると、足下にふわっと服がまとわりついて、歩く時もふわふわと気持ちが良くて、穏やかな気分になりました。これは、自分でも少し驚きました。このみ先生やりゅうこ先生のゆったりとした雰囲気や幼稚園のゆったりした環境も私の気持ちを穏やかにしてくれたと思います。

私がこどもの園を見学した日は金曜日で、パン作りとスープ作りがありました。子どもたちが自分のパンを作り、スープに入れる野菜を小さい包丁で切り、先生も子どもも一緒に料理をしていました。そして、野菜がゆでられ、パンがオーブンで焼かれ、時間が経るにつれて保育室においしい匂いが漂《ただよ》い、あふれました。おいしい匂いでいっぱいになりました。子どもが触ることができる保育室に、オーブンがあり、ガス台があり、食器棚があり、調味料がありました。私が初めて経験した保育でした。だんだんと料理ができるにつれて、おいしい匂いがしてくることに、わくわくしました。しかもその料理は、子どもと教師が自分たちで作ったものです。そして、その料理したスープをお昼に食べ、パンをその日に持って帰るのです。素晴らしいなぁ、と思いました。

あと特に私の心に残ったことは、シュタイナー幼稚園の教師は保育中に手仕事をすることです。私は、内遊びの時はライ麦に混じっているごみを選《よ》り分けました。外遊びの時は園庭の草むしりをしました。子どもに模倣される対象として、保育中に手仕事をしました。（「保育中に手仕事をする」という言葉使いは何か変です。手仕事をすることが、保育をしているということなんですよね？）子どもと一緒に遊ばずに手仕事をするということは、私が以前働いていた幼稚園ではあまりしたことがありませんでした。子どもと手仕事をしながらどんなふうに関わるのかな、と考えていましたが、子どもが手仕事を手伝ってくれたり、何をして遊んでいるのか話しにきてくれました。私も子どもに名前を聞き、覚えて名前を呼び、手をつなぎ、抱っこをし、話しました。楽しかったです。こどもの園のような穏やかな幼稚園で毎日を子どもとともに積み重ねていけたら、喜びも悲しみも一緒に分かち合っていけたら、どれほどの生きる力が私につくことだろう、と思いました。そして、私が今まで関わったあの子も、この子も、みんな、教師から愛されて幼稚園、保育園で過ごすことができるといいのに、と願わずにはいられませんでした。

幼稚園から家に帰る時間になり、みんなで輪になって手をつなぎ、「さよならの歌」を歌いました。歌い終わった後、先生と子どもたち、そして子どもたち同士で抱きあってお別れをしていました。その様子を見て、私もゆうきちゃんに手を伸ばすと、ゆうきちゃんは当たり前のように私と抱きあってくれました。そして、もえちゃんとあみちゃんとも抱きあって、「さようなら」と言いました。「今日一日、私と一緒に過ごしてくれて、ありがとう」と思いました。そして、「私のこどもの園の見学は今日だけだから、今日でお別れだね」と思いました。「ありがとうの気持ち」と「お別れの気持ち」が絡《から》み合って、涙が出そうでした。あみちゃんがそんな私をじっと見ていました。あみちゃんは朝、知らない大人の私が幼稚園にいるのを見て、とても困っている様子でした。そして時々、じっと私を見ていました。そして、すこしずつ私とお話をしました。お昼ご飯を近くに座って一緒に食べました。そして、さようならをしました。

私は、子どもたちの成長に必要なことをして、手助けができる人間になりたいです。学び続けたいです。必要な時に必要なことができるようになりたいです。

いずみの学校の見学と、こどもの園の見学をさせて頂き、ありがとうございました。

菊池　都馨《みか》

●見学させていただいた授業
六月二七日（水）5・6年生の水彩、音楽
二八日（木）7・8年生のメインレッスン、コーラス、3・4年生の手芸
二九日（金）5・6年年生の芸術表現、2・3年生の体育、全校集会

まず最初に校舎の玄関に掲げられている「いずみの学校」の木の看板が大変印象的でした。自分が通った小中学校のはどんなものだったのか未だ思い出すことができませんが、木のぬくもりになぜか懐かしい気持ちになりました。中に入ると薄いピンクの花が飾られていて柔らかな色が穏やかに子どもたちを迎えているのだと思いました。

5・6年生の水彩の授業ではエジプトのピラミッドを描きました。ピラミッドがどんな形なのか友達と向かい合い両手で形を作ったり体で体験して形を捉えてから描き始めました。そして全部が同じ方向を向いているのではないことに着目しました。広い砂漠の中に近くに遠くに角度を変えて点在するギザのピラミッドができてゆきます。どんどん描いてゆく子どももいれば丁寧《ていねい》に色をつけてゆく子どももいました。最後にお気に入りの月や星、太陽を加えて完成させそれぞれ満足した様子でした。

四角錐《すい》や遠近法、影などを言葉で説明するのではなく体験や観察で感じたり気づいたり不思議に思うことで興味をもって想像させ、そして描くという作業に到達することがわかりました。完成までの時間に個人差がありました。早々と終えてしまった子どももいますし、当然のことですが次の授業が始まるために時間の制約もあります。時間がもっとフリーに使えると良いと思いました。

音楽の授業の時に私たちはいつも通訳をしていた

だいていますが、子どもたちは通訳なしでどのようにしているのか少し気掛かりでした。ピーター先生から私たちも教えていただいて知っていることがたくさんありました。その為、じっと見ているより一緒に体を動かしたくなりました。そして、授業が進められてゆく中で子どもたちは多少言葉が通じなくても想像力を使い理解しようとしていました。「音楽は言葉の壁《かべ》を越える」という表現を聞いたことがありますが、少しわかったような気がしました。

翌日は7・8年生のメインレッスンからでした。教室に入ってもすぐには授業を始めないということは聞いておりましたが、本当にたっぷり時間をとって子どもたちの話を引きだすことに驚きました。子どもは大人が忙しそうにしていると敏感に察知しますが、そんな気配を感じずに昨日の出来事を聞いてもらえるのはとても気分が良いことだと思いました。自分の話を興味をもって聞いてもらうことで、自分が受け入れられている安心感が生まれ、自然に相手の話にも耳を傾けることができると思いました。そんなこともなく授業が始められるとつい私語が出てしまうのだとよく分かりました。

体を使いリズムをとって計算してゆくのは面白そうだと思いました。頭の中で一緒に計算しましたが、私にはテンポがかなり早く感じられ時々ついていけず苦笑してしまいました。頭で考えるのではなく体で覚えるということを実感しました。

また座標軸のところでは各自が考えてきたことを一人ずつ発表しました。子どものユニークな発想が面白いと思いました。それをどのようにして導くのか分かりませんが、気の長い作業です。しかし、待つということは重要だと感じました。

3・4年生の手芸では編み物をしていました。羊の形の棒針編みでしたが実際に羊の毛を刈り、それを中綿に入れるとのことでした。目の前にある毛糸がどのようにしてでき上がっているのか分かるのは大変良いと思いました。

最終日は休み時間に子どもたちが遊んでいるとこ

ろに行きました。子どもの後について木に立て掛けてある梯子《はしご》に登ったため、梯子が折れるのではと低学年を心配させてしまうこともありました。もっと積極的に子どもたちと関わりたいと思いましたが、見学するだけなのに緊張しているためなのでしょうか、大変疲労感がありました。二学期はもっと子どもの中にどんどん入っていきたいと反省しました。

赤阪　紀子

一日目（3、4年生の水彩）　一番に感じたことは、当たり前かもしれませんが、みんながそれぞれバラバラの動きをしている、ということでした。黙々と筆を動かす子、（同じように黙々としているように見えても、サッサと描き上げる子もいれば、時間をかけて描いている子、先生が言っていないところまで想像して描いている子…などいろいろです）描いている間中、ずっとおしゃべりしている子、ほかの子よりもずいぶんとゆったりとしたペースで描いている子などなど…。一人ひとりがそれぞれの方法で絵を描き上げていました。そこには、批判もなく、大げさな賞賛もなく、私には子どもたちが淡々と絵を描いているように見えました。彼らの心の内部は色によってさまざまに動いているのだろうな、とも思われました。そして、それでいいのだ、と感じました。上手、下手ではなく、美しい色使いや、色の動きによって心が体験することが、子どもたちにとって大切なのだと思います。そのように子どもたちを見ていると、一人ひとりの子どもたちが愛しく感じられました。

三日目（5・6年年生のメインレッスン）　メインレッスンを見る前は、一時間四〇分という時間の長さに驚き、子どもたちは疲れないのだろうか、とか、途中で集中力が途切れてしまわないのだろうか…と、思っていましたが、実際に見学してみると、あっという間という印象でした。まず、授業を始める前に、みんなでいろいろ雑談をするのがいいな、と思いました。そして、メインの授業の前に、詩を唱えたり、少し体を動かしたり、笛を吹いたり手足を使ってたし算やかけ算の練習をしたり…と、短い時間でテンポよく総合的なことをしていました。これは、短く、テンポよく、そして毎日繰り返す、ということが大切なのだと思います。特に算数の暗算などは、私も紙の上ではできますが、何も書かずにリズムにのって答えるのは難しく感じました。でも、リズムにのって、体を動かしながら計算する訓練を毎日することで、頭で考えたことを手足を使って実行する力になるのだと思いました。それは、子どもたちにとって本当に役立つ力を育てていると思います。そして、体を使って実感する、体験することで身につくと思いました。最後にメインの「歴史」の授業ではローマのシーザー、クレオパトラの話でした。パトリックも話していましたが、「歴史」といっても時代を暗記する、とか地名を覚える、というのではなく、「人物の伝記」を話すことで、その時代や土地、物、本当に生きていた人をとても身近に感じられると思いました。私は世界史はカタカナが多くて、苦手なイメージがあったのですが、今回、授業を聞いていて、とても興味深く感じました。メインレッスンは、話に聞いていて、想像していたより、もっと素晴らしく、実際の授業を見学できて、本当に良かったです。

(3・4年生のムーブメント)　ムーブメントの授業は、前半は体を動かし、リズムを取ったり、歌ったりして、後半は、イスに座ってメインレッスンブックを描いていました。暑い日だったため後半は、静かにする活動をいれた、とピーターが話してくれました。その日によって、気候や子どもたちの様子は違うので、それに合わせて授業をすることは大切だと思いました。先生は、準備してきたものが全部できないからといって無理やりさせるのではなく、子どもたちの状態に合わせて的確な判断をすることが必要だと思いました。的確な判断、ということでは、一人ひとりに対してもそうで、みんなと同じことができない子に無理にさせるのではなく、その子にできて、一緒に参加できることをさせたり、落ち着きがなく集中できない子には、何か特別な役割を与えたり、というふうに一人ひとりをよく見て、何がその子に必要なのかを見ることがとても大切だと思いました。

（7・8年生の読書作文）　読書作文では、子どもたちが読んだ本のあらすじを五分以内で話していましたが、要点をまとめて五分以内で、自分が読んだ本を読んでいない人に分かるように話す、ということは難しいことだ、と感じました。けれど、授業の中で繰り返し行うことによって思考の訓練になるのだと思います。祐子先生が正しいことばが正しい思考をつくる、ということを話してくださいましたが、この授業で、その力が養われているのだと思います。また、正しい言葉や文法で相手に伝える、ということは、相手を思いやることにつながると思います。子どもたちが話している時、祐子先生が何度も「だれが～したの？」「どこで？」「どのように？」ということを聞いていましたが、普段私は、どれだけ正しい言葉、相手に伝わる文章で話せているだろうか、と改めて考えさせられました。言葉の持つ重要性を認識し、普段から、正しい言葉で話すように気をつけてゆきたいと思いました。

（こどもの園を見学して）　こどもの園は、学校と全く違う雰囲気で、先生方のゆったりした雰囲気が漂《ただよ》っていました。このみさんが玄関で子どもたちを出迎え、りゅうこさんがパン生地をこね、私は、ライ麦とごみを選り分ける作業をしていました。子どもたちは、荷物を置くとすぐに遊びにとりかかる子、いつもと違う人がいることに興味をそそられる子、少し離れたところでみんなが遊んでいるのを眺《なが》めている子、先生のそばに行き、お手伝いをする子、お母さんと離れるのが嫌で泣いている子…さまざまな子どもがいました。男の子達の何人かは、暴れるような遊び方をしていて、落ち着きがなかったのですが、あまりひどいようだと、このみさんがそばに行って、声をかけたり話をしたりしていました。そのうち、少しずつ、落ち着いていったように思います。（最後まで落ち着かない子もいましたが）とにかく、先生は、声を荒げることなく、静かに子どもたちと接しているので、日にちが経てば、もう少し落ち着いた状態になるのではないかな、と思いました。たっぷりと内遊びをした後、このみさんが風のようにすーっと子どもたちの間を動きながら、お片づけの歌を歌いました。すぐに片づけ始めない子もいますが、だんだんと、片づけに加わったり、先生が「ここに持ってきて」と頼むと持ってきてくれたりしていました。その日は暑かったせいか、台所でティッシュに水を含ませて遊ぶ遊びをしている男の子達が、なかなか遊びをやめず、このみさんが「あと一回だけね」とお話してもなかなか聞かず、みんながお片づけしている間中ずっと遊んで床や自分が水浸しになってしまいました。外遊びの最後でも、お片づけが終わって水で遊んでいる子がいて、あとでこのみさんに、そういう子はどのように言葉がけするのか、聞いたところ、その子は胆汁質《たんじゅうしつ》なので、もうお弁当の時間だから中に入っているよ、と伝えて中で待っていると、中に入ってきます、という答えでした。無理やり言うことを聞かせるのではなく、その子の気質に合わせた言葉かけをしたり、お話をしたり、待ったりするのだな、と思いました。片づけのあと、お祈りや歌を歌い七夕《たなばた》のライゲンをするのですが、ここでも加わる子もいれば、加わらない子もいるという感じでした。ただ加わらなくても部屋の中にいるのでだんだん参加するようになるのかな、と思いました。その後、おやつを食べ外遊びをして、昼食。園でのリズムが分かっている子は、ゆったりとした時間の中で流れに沿って楽しんでいましたが、ひとり新しく入ってきた子がいて、その子は何度も何度も、その日の予定を聞き、何時になったらお母さんが来るか確認しては、泣いていました。きっと最初のころは、そのような子が大勢いたのでしょうし、泣いている子も次第に園のリズムになれ、安心してくるのでしょう。そういう意味でも毎日、いろいろ変えたり新しいことばかりするのではなく、決まったリズムで繰り返す、ということは大切だと思いました。昼食のあと、お話を聞き、歌を歌い、降園。子どもたちが帰ったあとこのみさんが「今日は子どもたちがわさわさしていましたねー」と話していましたが、落ち着かない状態の日も、きっとどんな日も、暖かい雰囲気に子どもたちは包まれているのだろうな、と思えました。パトリックが言っていたように、幼稚園の先生には奉仕する態度、愛に満たされ、魂がこもっている行動が必要だと実感しました。三日間、学校・幼稚園見学をさせて頂き、「百聞は一見にしかず」だな…と思いました。ありがとうございました。

大橋　昌子

1．見学授業
六／二七（水）　7・8年生メインレッスン
六／二八（木）　1・2年ムーブメント　4・5・6年リコーダー　5・6年年英語
六／二九（金）　5・6年年芸術活動　5・6年年読書・作文　全校集会

2．体験したこと
今回の学校見学で、私の「学校教育」という概念が根底から覆《くつがえ》されました。「学校教育」というのは、生きていくために必要な知識や知恵を子どもたちに教える場で、現在の公的な学校ではあまりにも知識重視に偏《かたよ》っているため、もっと知恵を教える必要があり、シュタイナー教育も、極めて素晴らしいその方法のひとつだと捉えていました。けれど、今回、私がいずみの学校で見たものは、全く違っていました。そこでは授業を通して子どもたち一人ひとりのからだ作りが行われていました。知識だけでも知恵だけでもなく、そして心だけでもなく、まさに子どもたちの体を形成しているすべてのものが、細心の注意を払って育てられている場でした。私はシュタイナー教育を、子どもたちの体験や感情を重視し、人間の成長に合わせて体系づけられた素晴らしい教育、と考えていましたが、そんな最近はやりの体験学習と近いニュアンスを持つものとは全く別のものでした。そして、それは私にとって非常な驚きでした。教員養成講座を受講している中で　シュタイナー教育はHow to論で学ぶものではないということに気づいたのですが、今回の学校見学で、もっともっと奥深く、本当に子ども一人ひとりの髪の毛一本、細胞の一つひとつに至るまで、注意が払われていると感じました。精神界で天使がその子の魂を育ててきたその続きを、この世で教師が天使に代わって行うという意味がやっと少し分かりました。教師の全人格が子どもに影響を与えるということも、教師の発する「言葉」の重要性も、私が今まで考えてきた以上に奥深い意味があるのだと気づきました。

とにかくどの授業でも、リズムが大切にされていて、特に低学年では体の動きとともに学ぶと、体に良く浸透していっているのが感じられました。そして、リズムなんて幼稚園かせいぜい小学校低学年の子どもに対して行うものだと考えていたため、7・8年生の授業でも、毎日リズムをつかった動きを行っていることにとても驚きました。その他、教室で行われている一つひとつのこと、存在している一つひとつのものに深い意味があり、そこにいるだけで、子どもたちの魂が喜ぶ　魂が心地よいと感じられる空間が作られていました。パトリック先生の講義で、子どもが内的な喜び、楽しみを通して学ぶことの大切さを学びましたが、まさにそのことが、授業のすべての時間を通して行われていて、一分の余分な時間も、ましてや子どもにとって害のある時間もないことに驚きました。そんな空間の中でしっかりとした体が作られれば、あとは自然に、自分で学び、生きていけるのに、いかに体作りをおろそかにして、表面に見えることだけを追いかけていたことか。パトリック先生がおっしゃった「シュタイナー教育の目的は意志と感情で満たされた、しっかりとした思考を育てることだ」という言葉が、ずしりとした重みをもって私の心に響いてきました。

たった三日間の学校見学でしたが、驚きの多い、とても内容の濃い三日間で、今の私には吸収しきれないことが多く、今後さらに人智学を深く学び、もっと多くのことを吸収し、感じ、考え、実践できるよう努力していきます。

石尾　紀子

(メインレッスン)　ほかの授業を見学した時も感じましたが、メインレッスンでは、リズムを強く感じました。長いなあと思っていた授業時間が、とてもテンポよく流れていくので、ボーッとしたり、気持ちがそれてしまうことがありませんでした。

一日の始まりがきっちりと目と目を合わせて、先生との握手で始まる。知ってはいましたが、すごくワクワクしました。見学の私も生徒の後ろについて先生と握手してもらって教室に入りました。自分をしっかり見てもらって握手することは、自分という存在を認めてもらうようで、一日が始まる高揚感がありました。その後の雑談で先生はその日の子どもたちの様子をつかんでおられるのが分かりました。授業が始まる緊張が和らいでいくけれど、気持ちがどんどん高まっていく感じがあり、とても大切な時間なんだなぁと思いました。

バランス体操や数の計算で、身体のバランスを調えて、思考の回路の扉を次々と開けていくような感じでした。かけ算・倍数の計算を体を使って行い一二の段まで行くと一の段まで戻る。行ったら戻る。この当たり前のような大切さが、とても新鮮でした。そして、歌を歌ったり、リコーダーを吹いたりすることがそこに加わり、授業の幅と豊かさをとても感じました。

数の計算で先生が生徒を当てる方法が5、6年生は、お手玉を先生が投げて、受け取った生徒が答え、7、8年生は先生が視線を合わせた生徒が答える。年齢によっての違いがこういうところにもあるということが興味深かったです。

今回の見学で、とても感動したのが、詩の暗唱です。光にあふれていました。みんなが朗々と暗唱しているのに、とても静謐《せいひつ》で、学ぶという真剣さが満ちあふれていました。とても心が揺《ゆ》さぶられて、泣いてしまいました。

5、6年生はエジプトの歴史を学んでいました。先生が「○○はどうだった?」と前日の内容についてたずね、生徒に話をさせていました。内容を思い出しつつ、話の中に生徒が戻ってゆくのがありありと感じられました。先生の語りに生徒はとても感情が動いていました。

7、8年生のメインレッスンは数学でした。強く印象に残っているのは、先生の「待つ」姿勢です。公式、定理、法則を呈示して、押し付けて近づけるのではなく、生徒の方から近づいていく。子どもが一歩一歩、歩いていき、先生は少し先で待っている。決して強引に引っ張ったりすることなく、待っている。こうして、生徒自身が歩いて定理に出会うことができるなんて、なんという喜びだろう、すごい力になるなぁと感じました。

(5、6年生の水彩)

題材はピラミッドでした。前の授業で描いたパルテノン神殿とピラミッドの写真を見て、構造がどう違うかまず考えさせて、次にピラミッドの形を体を使って体験する。トヨ先生がT．T．(教員養成プログラム)の水彩の授業でよく言われる「動きの中で絵が現れてくる」という言葉を思い出しました。

先生がまず描いて、明確に指示する。そして、その指示の中に生徒の自由な描き方があることが面白かったです。

道具のセットの仕方、筆遣い、色使い、スピードが一人ひとり、こんなに違うのかと、改めて思いました。生徒それぞれの気質をすごく感じることができました。トヨ先生の描く絵に対するあこがれが皆、強くて、近づきたいという気持ちを生徒からとても感じました。

(5、6年生の音楽)

ピーター先生の授業を通訳なしで、とてもスムーズに受けていることがうらやましくて、子どもはすごいなあ、と感心してしまいました。

この授業も詩の暗唱があり、私は心が震えて、揺《ゆ》さぶられました。まず音階を体で示しながら声を出す。歌を歌う時も先生が音の高位を手で示している。音の高低を生き生きと感じました。子どもにとって楽譜は生き生きとしてない死んだものなのだろうなぁと思いました。楽譜、歌詞のノート、プリント一切なしで歌う姿を見て、「あっ、教科書はないんだった」と改めてハッとしました。

テナー、アルト、ソプラノに別れて歌っていることにびっくりしました。もっともっと学年が上の生徒がすることだと先入観を持っていたからです。

歌、リコーダーともに最初は音階を歌ったり、吹いたりすることから始まる。まず基本の音からなのだと、強く印象に残りました。

（3、4年生のリコーダー）

生徒をよく見ることが必要なのだなぁと感じました。蒸《む》し暑いこともあり、気が乗らないのか、笛を手にしない子がいたのですが、無理強いすることなく、手拍子をとらせたりして、違う形で、参加させようとされているのがとても印象的でした。

皆で作り上げる音の気持ち良さ、充実感、達成感がとてもよく味わえました。

（5、6年生の英語）

ピーター先生が一人ひとり握手をしながら会話をしていくのがとても楽しかったです。恥ずかしそうで、楽しそうな子どもたち。

友達の名前を前に出て黒板に書いていくのですが、間違っても恥ずかしくない、という雰囲気に満ちていて、うれしかったです。

黒板を消して次の作業に移る時、子どもの気がそれないように歌を歌いだすと皆もついて歌う。楽しさで、いっぱいでした。

授業の終わりの方に先生が書く英文をノートに書き写す時間がありました。この単語は…と一つひとつ説明するのでなく、名詞の上にその絵が書いてありました。文法を学ぶことが、このように始まることに改めて驚きました。名詞、それのみを羅列《られつ》するのではなく、生きた存在として示す。一つひとつの言葉は生きている、活動しているんだよ、と改めて言われなくても、常に感じさせているのだなぁと思いました。

（3、4年生のムーブメント）

とても蒸し暑い日で教室に生徒と大人三人（見学者二名）がいるということもあって、ずっと時間中動き続けるのは、生徒にとってつらいなと感じられた（あとでピーター先生が話してくださいました）ので、ムーブメントは一時中断されました。間に音楽のノートに音階を表す虹の絵を描き、ムーブメントに戻りました。

生徒の様子、その日の天候、状態で臨機応変にされる姿は、進みたい方向は分かっているから焦《あせ》らなくていいのだと、見せてくださったように思いました。すぐ先を見ているのではなく、ずっとずっと先を見つめておられるのだなぁと。

(7、8年生の読書作文)

先生の集中力と待つ姿勢を強烈に感じた時間でした。本を読んで語ることがこれほど難しく大変なことだったのだと再認識しました。この時間をともに過ごすことがどれほど力になるか想像しましたが、すごいことだなぁと想像つかないぐらいです。

(その他)

休み時間に学年の枠《わく》を越えて、交じり合って遊ぶ姿がとても新鮮でした。私自身は知らないのに、とても懐かしい眺《なが》めでした。

1、2年生の授業を見学させてもらう機会はなかったのですが、休み時間に遊びに行くと、何とも言えない、柔らかく、ゆったりとした気持ちになりました。教室にいらっしゃった、麗《れい》先生の醸《かも》し出す雰囲気に満ちていました。こどもの園を思い出しました。いつまでもその場にいたくて立ち去りがたかったです。

見学させていただき、何よりも一番に思ったのは、「子どもに戻りたい、私も生徒になって授業を受けたい」でした。

先生方の凛《りん》とした姿勢が印象にとても残っています。子どもがこういう人になりたいと思う姿なのだと強く感じました。

到達したい目標に決して焦《あせ》らずに向かう。足下ばかりを見てのカリキュラムではなく、先をしっかり見据えての教育だと示してくださいました。

緊張と喜びにあふれた三日間の体験でした。ありがとうございました。

初夏の「ひびきの村」から皆さまへ

大村祐子さんがレポートする、「ひびきの村」物語。

あなたも「ひびきの村」の風を感じてください。そしてスタッフの生活も。このページは、読者の皆さまの「ひびきの村」です。新連載、お楽しみに。

ありがたいことに、わたしたちは冬の厳しい寒さをすっかり忘れているのですね。

七月二日

午後六時、「ひびきの村」の事務局にはわたしひとりが残り、スタッフはみんな出払ってしまいました。と言うのは、今お借りしているビルの事務所が手狭になってしまったために、JR伊達駅の近くの二五〇坪ある大きなビルを借りる、という計画が生まれ、そのビルをスタッフ全員で見に行ってしまったからなのです。

そのビルを斡旋《あっせん》している不動産会社の方はさぞ、驚いていることでしょう。普通、そういうことは組織の責任ある人が決めるのであって、働いている人がみんなでぞろぞろ見に

通りの向こうに広がるトウモロコシ畑に陽が当たって、勢いよく伸びた葉がぴかぴかと光っています。風に吹かれて、葉がさわさわと音を立てています。その上空ではひばりが高い声をあげています。

日本のあちらこちらから「暑い！」「むしむしする！」「暑さと湿気がたまらない！」と言う声が聞こえてきます。が、トウモロコシ畑の上に広がる空はすっきりと晴れあがり、そのむこうに見える噴火湾は夢のようにたおやかで美しく、気持ちの良い風がわたしの頬《ほほ》を撫《な》でてゆきます。

毎日、茹《う》だるような暑さに喘（あえ）いでいらっしゃる本州の方々には本当に申し訳ないと思いますが、「北海道に住んでいて、つくづく良かった！」と思うのはこんな時です。

行く、などということはあり得ないことでしょうから…。以前、土地探しをしていた時にも、わたしたちは大勢で出かけて、紹介してくださった方の不興《ふきょう》を買ってしまったことがありました。でも、こんな大切なことをひとりの考えで決めてしまうなんて、わたしたちには到底考えられません。「ひびきの村」で暮らすすべての人が、「ここがわたしたちの場所だ」と確信が持てない限り、わたしたちは決めることはできない、と考えているのです。

「ひびきの村」とは

一九九九年、わたしは一一年間暮らしたカリフォルニアのサクラメントを後にしました。戻ってきた先は、生まれてからずっと暮らしていた東京ではなく北海道の伊達市にある「ひびきの村」でした。

「ひびきの村」を実在する「村」だと思って、地図で探される方もいらっしゃると聞きました。が、「ひびきの村」とは、ルドルフ・シュタイナーの思想を実践するグループの名前で、実際にある「村」ではないのです。

「ひびきの村」は、人智学と呼ばれるルドルフ・シュタイナーの思想を生きようとする人たちが集まっているグループに付けられた名前です。「ひびきの村」とは、いわばひとつの思想を基にした「共同体」なのです。が、わたしたちは共同生活をしているわけではありません。それぞれが、自分が決めた場所で、自分の考えに添《そ》って生活しています。

「ひびきの村」には、今、三人のアメリカ人を含めて二一人のスタッフが働いています。ボランティアとして働いている人もいます。近い将来スタッフになることを希望して、スタッフ見習いとして働いている人もいます。

この講座で学ばれた方にはお馴染《なじ》みかも知れませんが、はじめてお読みくださる方のために、そして、お馴染《なじ》みの方々にも、もっと親しくなっていただくために、これから毎号「ひびきの村」のこと、「ひびきの村」で起き

ていること、「ひびきの村」の将来のこと、スタッフのこと、スタッフがしていること、感じていること、考えていること等々……お伝えすることにいたしました。

今、「ひびきの村」では、こんなことが行われています。

「シュタイナー幼稚園・こどもの園」（土曜幼稚園を含む）

「シュタイナーいずみの学校・全日制（一年生から八年生）」

「シュタイナー学校・いずみの土曜学校（一年生から六年生）」

「自然と芸術と人智学を学ぶプログラム（一期を三ヶ月としたプログラム）」

「シュタイナー学校教員養成プログラム（一年）」

「各種ワークショップ（サマープログラムを含む）」

「さまざまな季節の行事」

「通信販売の店・えみりーの庭」

「リムナタラ農場（バイオダイナミックの農法によって、野菜やハーヴを作っています）」

「事務局」（「ひびきの村」で行われているすべてのことが円滑に運営されるように機能しています）

「ひびきの村」で暮らしているのはスタッフばかりではありません。「こどもの園」に通ってくる子どもたちの家族、「シュタイナーいずみの学校」で学んでいる子どもたちの家族、ボランティアとして、またスタッフの見習いとして働いている方々…大勢の人が共に生き、共に働いています。

わたしたちは「ひびきの村」を、…人が互いに愛し、敬い、尊び、慈《いつく》しみながら暮らせる場所、そして、人が共に働き、共に学びながら暮らせる場所…にしたいと考えています。高い理想ではあります。が、わたしたちが「精神の進化」を目指し、努力すれば、何生《なんしょう》かかっても、いつか、「ひびきの村」で、理想が

実現されるだろうと確信しています。

「ひびきの村」のスタッフになりたいと希望される方がいらっしゃいます。その方々のために説明書と申込書をつくりました。「ひびきの村」がどんなところなのか、どんな人が、どんなことを目指して働いているのか…お分かりいただけると思います。どうぞ、お読みください。そして、興味を持たれましたら、あるいは、ご質問がありましたら、どうぞ、お寄せください。（FAX 0142-21-2684事務局まで）

「ひびきの村」の暮らしは…

「ひびきの村」は、北海道伊達市で始められた、生まれて五年目の人智学共同体です。私たち「ひびきの村」スタッフは、ルドルフ・シュタイナーの洞察から生まれた人智学、また、シュタイナーの後継者たちが学び、実践したさまざまな領域（社会の構造、教育、経済、医学、農業、芸術など）に及ぶ示唆が、今日の社会が抱える多くの問題を解く鍵になると考えています。そして「ひびきの村」で、そのための学習と実践への努力が行われていることに同意しています。

私たちはここで、子どもから大人まで、すべての人を対象にした教育活動に力を注いでいます。現在、幼稚園「こどもの園」、小学一年から中学二年までの「シュタイナーいずみの学校」と月二回の土曜学校、そして小学生のための芸術教室を行っています。また、成人のためには三ヶ月の集中講座「自然と芸術と人智学を学ぶプログラム」、一年の「シュタイナー学校教員養成プログラム」サマープログラムの他、様々なワークショップを行っています。

季節ごとに行われる行事や祝祭事は、大自然のリズムある営みの中で生きる私たちの身体と心と精神を強めてくれるものとして、共同体生活には欠かせません。バイオダイナミック農場は、農場を支えてくださる方々やス

タッフに野菜を供給するだけでなく、農業それ自身が、地球の上で暮らすすべての存在にとっての大きな癒《いや》しとなるのです。

1．私たちの目標：私たちは、世の中にとって意味のある仕事をしたいと考えています。そして「ひびきの村」を、私たちが内に持つ力を見いだし、その力を発揮できる場にしたいと考えています。

一人ひとりが誠意と思いやりをもって仕事をすること、仲間と深く関わり合うことを通して、自由な人間による調和と愛に充ちた社会が創られるのです。「ひびきの村」は、世の中に貢献したいと考える人たちが、共に成長する場所なのです。

2．村での仕事：「ひびきの村」における仕事の内容は実に多種多様です。リムナタラ農場では、シュタイナーの洞察により生まれたバイオダイナミック農法によって、野菜やハーヴを育てています。通信販売の店「えみりーの庭」では、天然素材を使ったクラフト、季節ごとの物語や人形、染色、自然物の採取、絵本作りなどをします。事務局は「学校」や「村」のすべてに関わる業務のほか、皆さまからのお問い合せやご要望にお応えする窓口として様々な仕事を行っています。スタッフの多くは「シュタイナーいずみの学校」「こどもの園」「NAA」で教師として教壇に立つ傍《かたわ》ら、学校運営や校舎のメンテナンス（修繕管理）、清掃、また農場、事務局の仕事もしています。

私たちは週ごとに決められたスケジュールに従って、規則正しいリズムのある生活を送ろうと努めています。そして共同体が必要としていることには柔軟に、また責任をもって対応できるようにしています。

3．住宅事情：今の時点では、「ひびきの村」はスタッフに住居を提供することができませんので、各自で住まいを探して頂いています。

伊達市近辺の貸し家、アパートなど、不動産情報に関しては、スタッフが協力しますので、どうぞご相談下さい。短期間の滞在であれば、ビジターのための宿「まきばの家」に、またはスタッフの家に滞在していただくことができます。

4. **生活費について：**私達は…人間の労働はお金で買われるものではない…と考えています。一人ひとりの必要に応じて「ひびきの村」から支払われる「生活するために必要な経費」（以下、生活費とする）は、労働に対する報酬としての「給料」とは、まったく性質の異なるものです。

「生活費」を決める手順は、まず各人がそれぞれの生活に必要な経費の全額を算出し、それを「村」に提示します。それらを会計係が集計し、「村」の財政と照らし合わせて、それが適切な金額かどうかを検討します。その金額は各人の生活の仕方、家族構成などによって異なります。つまり「生活費」は「仕事の量や質」によってではなく、その人の「必要」に応じて決められるものなのです。

このプロセスは「生きた」ものであり、状況に応じて絶えず変化し続けなくてはなりません。つまり、生活環境が変わった場合には、新しい生活における必要な生活費を再考し、それを村へ提示することが必要なのです。

スタッフの中には、「村」の負担を少なくするために「村」の外でアルバイトをする人もいます。また、自分の好きな仕事をパートタイムでする人もいます。その場合、そこで得られる収入も考慮に入れた上で、生活費を計上します。

5. **村の構造：**ルドルフ・シュタイナーは、人間が健全な社会生活を営むために、社会を三つの領域に区分し、それぞれの領域において理想を追求する「社会三層構造」という考え方を示しました。「ひびきの村」ではその考

え方を基に、「精神・文化」の領域においては「自由」を、「法律・権利」の領域においては「平等」を、「経済」の領域においては「友愛」を実現するため、努めています。

「ひびきの村」で必要とされるすべては、全スタッフが出席する定例会をはじめ、各部門の代表者による仕事のミーティング、スケジュール・ミーティング、農場、「えみりーの庭」、経済ミーティング、実行委員会の中で話し合われた上で決められます。あらゆる問題は、それぞれの会に関わっているスタッフの責任において解決されます。このようにして、一人ひとりが、他人のためにより良い存在であることを自分の責任とします。

6. **交通：**村の様々な場所で仕事をするためには、車での移動が必要です。しかし現状では「ひびきの村」からは各スタッフに車を支給することはできません。ガソリン代を負担して同僚の車に乗せてもらうこともできますが、一人ひとりが全く違うスケジュールで動いているため、やはり各人がそれぞれ車を持つことが必要でしょう。

7 **楽器について：**楽器をお持ちの方は、是非お持ちになって下さい。村では、みんなで楽器を演奏したり歌ったりする機会がたくさんあります。

8. **「ひびきの村」のスタッフになるには？：**一週間の「研修」を受けていただくことが、スタッフへの第一歩です。そして「ひびきの村」で行われているすべての業務や行事に参加していただきます。できる限りたくさんのスタッフと積極的に会って話をして下さい。様々な経験を通して生まれた様々な疑問について、遠慮なく質問して下さい。わたしたちは、自分の経験や考えや知識など、すべてを分かち合いたいと願っています。わたしたちと共に働き、十分に話をして、「ひびきの村」

という共同体の生活をより正確に知っていただきたいと思います。

「ひびきの村」は、人智学共同体です。私たちは人智学の理解を基に物事を考え、決定し、行動しようと努めています。あなたが、これまで人智学に触れる機会を持たれたことがなければ、スタッフになられる前に三ヶ月間の「NAA」（自然と芸術と人智学を学ぶプログラム）を受講されることを、是非お勧めします。人智学を学ばれたことのない方はもちろん、勉強中の方も、人智学の理解をより深めることができると思います。そして「ひびきの村」を理解し、ここでの生活に慣れ親しむための大きな手助けとなることでしょう。

私たちスタッフは、あなたを心より歓迎し、「一個人として」あなたと関われることを願っています。あなたと「ひびきの村」の願いが一致し、世界のために共に働くことができますように…。

「ひびきの村」スタッフ一同

なお、「ひびきの村」スタッフになりたいとお考えの方は、くわしくは「ひびきの村」事務局までお問合せください。資料をお送りいたします。TEL.FAX　0142-21-2684（事務局）

「ひびきの村」からのお知らせ

「ひびきの村」２００１年　行事予定　秋～冬

9月

ミカエル祭　9月23日（日）

この困難な時代に生きるわたしたちを守る大天使ミカエルのお祭りです。夏の間、熱された空気の中でざわめいていたわたしたちの内側に静けさを取り戻し、収穫の秋を迎えるに相応しい自分を感謝しつつ整える…そんな時間を持つための集まりです。

治癒教育講座　9月25日（火）～10月5日（金）

「教育のすべてが治癒教育である」とルドルフ・シュタイナーは言っています。治癒教育は教育の基礎であるということを、わたしたちは認識する必要があります。サクラメント・シュタイナー学校でクラス担任をし、また、現在治療教育家として活動中のインゲン・シュナイダーさんが、2週間の集中講座をします。1日でも、1時間でも、どなたもご参加ください。

10月

お月見　10月1日（月）

みなさん、むかし、むかーし、月は地球の一部だったということを知っていますか？　ある日、地球の中の「固くなる」という性質を携えて地球の一部が離れて行きました。それ以来、月は私たちにやわらかい光を注ぎ、影をなげかけてくれているのです。

「シュタイナーいずみの学校」公開授業　10月6日（土）

「シュタイナーいずみの学校」と、その授業を体験していただきます。また、父母や教師との懇談会もいたします。入学を考えていらっしゃる方、シュタイナー教育に興味をお持ちの方、どなたもご参加ください。

シュタイナー学校の手芸　10月22日（月）～10月26日（金）

人は人や世界と出会った時、心でたくさんのことを感じます。シュタイナー学校の子どもたちは羊毛、布、糸、木、粘土を使って思考と意志の力に助けられながら、それを形にします。マウイ島、ハレヤカラ・シュタイナー学校の手芸の先生、リネット・マックラリーさんが1週間の集中講義を持ちます。

11月

ウィンターフェア　11月18日（日）

その昔、人々は力を合わせて冬を迎える準備をしました。食物の収穫、貯蔵、薪割り…。家族総出の作業はどんなに楽しく、そして人の心を暖めたことでしょう。

さあ、わたしたちも冬支度をしましょう。そして、一緒に陽気な時間を過ごしましょう。人と自然の新しい関わりを共に考えましょう。

12月

アドヴェントガーデン　12月2日（日）

キリストの降誕節の始まりを祝うための催しです。子どもたちはろうそくに火を灯して、静かに渦巻きの路を歩きます。暗闇の中を勇気をもって歩いていき、その先に見つけた明るい火、そしてその火を後から来る人のために差し出す…こうして子どもたちは「勇気」と「献身」を体験し、キリストの降誕を迎える準備をするのです。

大人のためのクリスマス会　12月25日（火）

キリスト降誕の意味を深く受けとめ、全人類におけるその意味を考えます。ろうそくの光の中で静かに音楽を奏で、聞きながら、夕食を頂きます。そして過ぎし一年に感謝し、新しい年が美と愛と調和に満たされますように、祈りを捧げます。

ホーリーナイト（聖なる12夜）
12月25（火）～2002年1月5日（土）

12夜にわたって、皆でルドルフ・シュタイナーの福音録「第五福音書」を読みます。キリストの降誕の夜から12夜を、人類にもたらされたキリストの衝動を考え、想いながら過ごします。

●日程・内容等は変更されることがあります。詳細は事務局までお問い合わせ下さい。

ひびきの村事務局
〒052・0021　北海道伊達市末永町47
須藤ビル3F
電話＆ファックス　0142・21・2684
（月曜～土曜、午前9時～午後6時の間にお願い致します）

心の教室 （第３期）

［読者のおたより］ で構成する、編集部と読者間の交流ページ

第２期付録「心の教室」は大好評でしたが、第３期は本誌に合併し、イベント、催事情報のみを、別刷りとして通信講座定期購読会員の皆様への付録形式で同封し、お届け致します。

「心の教室（第３期）は、読者会員の皆様からのおたよりやレポート等をもとに構成された読者の皆様の交流ページです。
主に、毎号会員の皆様に本誌をお届けする際に同封する、アンケートを中心に編集してゆきますので、どしどしご記入の上、お送り下さい。また、アンケート以外の方はFax. 03-3295-1080
〒101-0054 東京都千代田区神田錦町3-21 三錦ビル　ほんの木
編集室までご意見をお送り下さい。（担当・柴田）

大村さんへの感想

邦書、洋書あわせてシュタイナーに関する本三〇〇冊を読んだ横山さん

内容の具体性と豊富さがすばらしいと思う。全編に浸透している豊かで暖かい感情によって、当方の心も暖まりました。人智学への確信も更に深まりました。

（神奈川県／横山和彦さん）

――横山さんは邦書、洋書あわせて三〇〇冊ぐらいをお読みになっている方です。短文の中に「①内容②具体的豊富さ③暖かい感情」という大村さんの本質をピタリと言いあてた三つのキーワードをメッセージとして寄せて下さいました。（以下、編集部、柴田のコメントです。悪しからず…）

教師という使命

大村さんの講演を聞けた日に教師採用通知を受取り、決して偶然ではないと感じて…

私は二月二四日関市で大村さんの講演を伺い、「子どもと関わる仕事をしてゆきたい」との思いを強くしました。そうしたら自宅に帰ってみると、地元の小学校の講師の採用通知が来ていたのです。世の中には偶然ということはない、と日頃から思っていた私でしたが、こうして心暖まる大村さんのお話を聞けた日に採用通知を預けて、「今の教育の現場に出てごらんなさい、そしてその目で今の子どもたちの置かれている状況をよく見なさい」と言われた気がしました。大村さ

んの存在は私の中で日々大きくなっています。

私自身はまだシュタイナーについて勉強が浅く、まだまだ自分の中にしっかり取り込むことが出来ていません。が、シュタイナーは難解なものという思いが、少しずつなくなってきたように思います。

最後に、日本の教育とシュタイナー教育との位置関係、教師が（日本の小中高の現場の）シュタイナー教育を学ぶサークルを作っているか、もしあったらどこで、どのように活動しているか教えて下さい。

（岐阜県／小縣真祐美さん）

――偶然というか、必然というか、小縣さんの使命が小縣さんを待っていたのでしょうね。おめでとうございます。今号は、教育に関わっていらっしゃる会員の皆様のアンケート投稿がとても多かったのです。

「ほんの木」では「教師の皆様のネットワーク」を発足させたいと考えており、今号アンケートで募集中です。ぜひ教育関係で仕事をしていらっしゃる方、先生方、ご参加下さい。

教職をやめて…

生命の大切さと、これからの歩み第二期までを通して少し子どもが見えてきました。

先生と呼ばれる仕事をやめて、ひとりの大人としてシュタイナー教育に向き合って思うことは、シュタイナー教育の講演やその他の経験の上にあぐらをかいてしまって、目の前にいる子ども達の本当の姿や心によりそっていなかった、心からよりそってあげられなかった先生だったなあと、反省しきり。皆ごめんね。悲しい思い、きっとたくさんさせちゃったネ!!

この通信講座第二期の間に（その後、池田小の事件もありました…編集部注）子ども達の悲しい事件が次々とありましたね。その度に皆さんも心を痛めて我が子のことのように思っていたのではないでしょうか。事件にまき込まれた子ども、一人ひとりで身をもって大人に発信しているように思います。生命の大切さとこれからの人の歩みを、第二期までを通して少し子どもが見えてきたように思えます。P.S. 今、聴覚障害の方と接する機会が多いので、障害を持っている事はその人の個性なんだと心から思える自分に変われたらと思います。ありのままを受け入れることは、私にとってはとても困難な課題です。学んだことを土台に努力してみたいと思います。

（北海道／木村裕子さん）

――木村さん、教え子の子ども達は、皆、木村先生に教わったことを心からうれしく思っていると思いますよ。文面から私にはそれが伝わります。子ども達の発信する、「教育の危機」は木村さんのおっしゃる通りだと思います。

もうひとつ聴覚障害の方について。二〇〇一年三月二七日、神戸での大村さんの講演会で、聴覚障害の方が2名参加され、手話通訳付の講演を私たちは行いました。

私たちはシュタイナー関係の講演会に限らず、こういった試みが広がることを願ってやみません。また、行政で手話通訳者への費用の支援を同時に行ってゆくことがその広がりを作る原点だ、との思いもしました。

教師の現場から

生徒の魂を成長させたい。シュタイナー教育について夢語り合える仲間が欲しい。

シュタイナー教育に出会って、教育に対する考え方が根本から変わりました。私の学校は進学校なので、今までは進学指導一辺倒でした。一流大学に何人合格させられるかで、教育の能力を測られるので、私もとにかく、受験のため、センター試験でよい点数を取らせるために指導してゆくしかなかったのです。（今思えば、何てバカげたことをしていたんだろうと思う）シュタイナー教育を知ってからは、生徒の魂を成長させるためにはどうしたらよいか、ということを考えるようになりました。

シュタイナー教育について学んでいる人がいない。共に夢を語ることができる仲間が欲しいです。

（北海道／匿名さん）

――またまた教育の現場で教えている先生です。道内ですから、ぜひ一度、ひびきの村へも足を運んで下さい。そして地元で勉強会…という決断を！　教師の皆様とのネットワーク、全国でくり広げましょう！　ぜひご応募を。

幼稚園の現場から

自分らしく、のびのびと生きられるようになった私。人生の深さを知り、楽しい毎日。

激務で大変な毎日を送られていることでしょう。私は昨年の夏のサマープログラムでお会いし、大村さんの暖かいお人柄に触れて励まされました。

第二期では、子どもに出ている問題は、すべて大人の問題であること、私たち大人が変われば子どもも変わること。自分の生き方、大人としての生き方がとても大切なことを学びました。シュタイナー教育に出会い、世間の尺度でとらわれることがなくなり、（例えばお金持ちとか、学歴があるとか）自分らしくのびのびと生きられるようになりました。それに人智学を勉強すればするほど、人生の深さを知り、すごく楽しい毎日です。

今後の企画として、私が現在、幼稚園のアシスタントとして現場で働いていることもあり、ライゲンや行事の様子も具体的に紹介してくださるとうれしいです。

（東京都／匿名さん）

――楽しく人智学を学ぶ。お金や学歴といった「世間」という制約から自由になる。ほとんどの日本人が果せない精神の自由を手に入れて、幼稚園の現場で仕事をなさっている…、どんなにか子どもたちは幸せでしょう。ますますのご活躍をお祈りいたします。

さて、「ライゲンや行事の様子」のことですが、私共でこの六月に発売した『ひびきの村シュタイナー教育の模擬授業』をぜひお読み下さい。恐らく、求めていらっしゃることがみなレポートされていると思います。幼稚園の体験授業、小学校のメインレッスン。今までの日本の本にない臨場感あふれる内容と、大村祐子さん、小野里このみさん（幼稚園）中村トヨさん（絵）のそれぞれの個性あふれる質疑応答に、シュタイナー教育のエッセンスが込められているはずです。全国の幼稚園、保育園、小学校、地域の図書館などに、もっと広がって欲しいと心から念願しています。ぜひ、読者の皆様、チラシ配布や図書館への注文などご協力下さい。

講演会と私

日々、わくわくするようなことを、見つけたい。この講座を役立てて…。

四月三〇日大宮での講演会で大村さんにお会いして、何だかとてもホッとしました。「ひとりぼっちで生きる意味について、ずっと考えていたんだ」という自分自身に気付き、「もうひとりじゃないかも」と同時に感じた瞬間でした。

以前から人の内面や精神、哲学、宗教学などに興味があり、知識だけは頭でっかちで、理想と現実とのギャップで苦しんでましたが、シュタイナー教育に出会ったことで、地に足がついた感じで、自分の感じていたものに確信がもてる様になりました。日々わくわくする様なことを見つけるための指針としてこの講座を役立てたいと思います。もちろん、親子、夫婦、その他の人間関係をよくすることに役立てたいし、自分自身をもっと好きになるためにも…。

（埼玉県／羽入博美さん）

——講演会、皆様にとってそれぞれの意味があるんですね。主催した側として、とてもうれしいメッセージです。

千葉の講演会で

体調を心配してました。お元気な姿を見て安心しました。

私の子はまだ四歳と、小さい方なのですが、これから育ってゆくのに良い環境を作って行かなければいけないと思いました。シュタイナーの思想は心に浸み込むのに時間がかかります。でもその分確実に入ってゆくような気がします。大村祐子さんのお話でさらに分りやすくなったと思います。体調を崩されていたそうで心配しましたが、講演会で元気な姿を見て安心しました。

（千葉県／栗原利恵さん）

——一〇月に入って、大村祐子さん作の絵本が二冊（①②）出版されます。お子さんに読んであげてはどうでしょう。大村さんの物語への思いがきっと心に浸みてゆくでしょう。お楽しみに。（シュタイナー教育が生んだ、創作おはなし絵本シリーズ①「雪の日のかくれんぼう」②「ガラスのかけら」です）［小社刊］各、1600円税別

関市の講演会で

シュタイナー関係の方でこんなに愛を感じた方は日本人の中で初めて——。

関市の講演会で初めてお会いできました。本から受ける通りの方で感激いたしました。明日は名古屋の方にも伺います。シュタイナーの思想どおり生きて実践されているのだなと感

じられ、すごいなと思います。お体大切にして下さい。温かいメッセージを待っています。シュタイナー関係の方で、こんなに愛を感じた方は、日本人の中で初めてでした。

第二期に関して私は、感想を言えるほどきちんと読み込んでいないような…。大村さんからのメッセージがくり返しくり返し、心にきざみ込まれているように思います。でもまだ言葉になりません。やっと一緒に学べそうな仲間ができ、第一期から一冊ずつ始めています。通信講座をテキストに、参加型の勉強会です。

（三重県／匿名さん）

——勉強会のこと、ぜひ電話でですが取材をさせて下さい。通信講座をテキストに勉強会をおやりになっている方々、ぜひご連絡下さい。勉強会のレポート、ネットワークを持てたらいいなあ、と考えていますので。皆様からのレポートは、私たちの勉強会なのです。

（連絡は、ほんの木の柴田まで。tel 03-3291-5121 Fax 03-3295-1080）

飯田橋の講演会で

大村さんが、ぐっと近い存在に。いつか自分自身が尊い仕事に関わることができたら…。

飯田橋の講演会（東京四月二九日）でお会いでき、とても嬉しかったです。「わたしの話を聞いてくれますか」も、もうすぐ読み終えます。何だか大村さんをぐっと近い存在に感じています。今生での私の使命があるのか、ないのか。何なのか…まだ分りませんが、きっといつか私自身が尊い仕事に関わることができたらいいなと思っています。実際お会いした大村さんは、胆汁質は強く感じず、むしろ大らかな粘液質を感じさせました。これからもよろしくお願いします。

（東京都／青木玲子さん）

——三人のお子さんを育てていらっしゃる、お忙しい青木さん。長い眼でお待ちします。じっくり使命をおさがし下さい。

ぜひ講演会を

娘は今春からNAAユースを受けに「ひびきの村」へ。

夫や私も生き方が以前と違う方向へむかっています。仕事やお金より、今生きている時間そのものを大事にしたいと思っています。娘は今春、高校を卒業し、ひびきの村へNAAユースを受けに行っています。今年、もし熊本に講演に来られるようでしたら、スケジュールを一日追加して、ぜひ八代でも講演会ができればと、仲間と話しています。第三期も楽しみにしています。

（熊本県／堀田佳寿代さん）

——お嬢さんは、「ひびきの村」で元気にNAAユースを学んでいるようですよ。こうした若い世代の人たちが人智学を学んでゆき、やがて社会の、世界の中でそれぞれの使命を果してゆく時代が楽しみです。また、二〇〇一年秋以後の講演会スケジュールは、ただ今企画中です。テーマは「人生の七年周期」についてを検討しています。もうしばらくお待ち下さい。決まり次第、ご連絡いたします。

ぜひ四国にも…

シュタイナー教育に出会って社会の当り前に疑問が…。

子どもが生まれてシュタイナーを知り、子どもの教育に関することにのみ関心を持っていましたが、私のシュタイナー歴も第2七年期に入り、子どものためというより、自分のためのシュタイナーになってきました。第二期はちょうどそういう時だったので、私にはとてもタイムリーでした。でも、エクスサイズなどは読むだけで実行できませんでした。

シュタイナー教育に出会って、今の社会で当り前になっていることに疑問を感じるようになり、子どものことで言えば、テレビやゲームなどに触れさせていない私を、人は「変わっている人」と見ていると思います。また感覚論を知ってから、いろんな感覚に対して敏感になったと思います。主人は、はじめは宗教っぽく思っていたようで、「やめてくれ」と言ってましたが、今は認めてくれているようです。(しかし協力体制はありません)

私の勉強会の方で、「ひびきの村」へ家族で移って行かれた人がいます。「ひびきの村」が少しは身近になったような気がしますが、まだまだ四国からは遠いです。いつか四国にもぜひいらして下さい。大村さんをお呼びできるような会になればいいのですが。少人数の会でもいらしていただけますか?

(香川県/匿名さん)

――テレビやゲームに触れさせない…「人は私のことを変わっている」と見ている…。と書かれていましたが、そう思い込まずに、正しいと思ったこと、無理なく子どもたちも納得してくれることをやっていらっしゃるのですから、自分が正しくて、回りが変っているのだ、と気楽に考えましょう。人はそれぞれです。個性を、多様性を尊重し合える社会が民主的なのですから。もしかして、あなたが回りの人々への教師なのかもしれませんよね。

講演会は、もちろん、旅費、講演料等の一定の条件はありますが、できるだけツアー形式で一か所当りの経費負担を押さえるようスケジュールを組んで企画しています。大村さんに無理のない日程を組むため、以前より少し回数を減らさざるをえないのが実情です。でも、少人数だから…ということはご心配なく。私たち、「ほんの木」も参加者を広げる方法に協力をいたします。より多くの人たちに大村さんを知っていただきたいからです。各地の中心になる皆様のお力をお借りして、少しずつ初めての場所で講演会を開催したいと考えています。(お問合せ、ほんの木03-3291-5121 Fax03-3295-1080)担当・柴田まで。

3期も楽しみ。

考えをまとめるのによい助言。通信講座、講演会は待ち遠しい。でも体調を優先して…。

毎回のトピックスや、「人生の七年周期」は読んでいてとてもわかり易かったと思います。おかげさまで、自分自身のことをよく考えるいいキッカケとなりました。今の私、それを作り上げてきた今までの私、これからの私のあり方…ただ悩むのでなく、考えをまとめるのに良い助言を与えてくれました。
実際にお会いして教えを受けることのできない身としては、通信講座や講演会はたまらなく待ち遠しいものですが、大村さんの体がきつくなってはなんにもなりません。ひびきの村のスケジュールもあるでしょうから、体調を一番にしてご活躍下さい。

（千葉県／合田由起子さん）

――トッピクスや七年周期、エクスサイズなどを、合田さんご自身のことに落とし込んで認識を深めていらっしゃる様子、とてもうれしく思います。心のコリ固まった感じが少しずつ取れてきて…とのこと。よかったですね。

通信講座の必要性

第三期も頑張って。ゆっくりと確実に進んで下さい、大村さん。

毎回、一気に読みました。第二期、正直言うと大村さんからのお手紙といった感じで、少し物足りなく思いました。大村さんの熱い思いはとても伝わってくるのですが、多分、二か月に一度というサイクルが、大村さんにとって大変な事だったのだろうと思います。治癒教育について関心がありますから、良かったですし、「七年周期」も胸の熱くなる文章もありました。
大村さんのパワーには頭の下がる思いがします。この通信講座の取り組みは、とても今、必要な事だったのでしょう。この通信講座からシュタイナー教育に出会った多くの人たち、…第三期、頑張って下さい。私は芸術療法、治癒療法の具体的に実践できるテーマを望んでいます。また、NAAでの講義の内容など…。
ぜひ、ゆっくりと確実に進んで下さい。第三期、二か月に一度でなくても、内容を充実させて、追われる事なく進めてもよいのではないでしょうか。とにかく心から応援します。頑張って下さい。

（北海道／匿名さん）

――正直に書きにくいメッセージをありがとうございます。こういうご意見は、私たちにとってとても貴重でありがたいのです。大村さんご自身のスケジュールは、列記するまでもなく、ひびきの村の運営から、教師としての仕事、そして講演、執筆と、ほとんど休む暇がないほど忙しい毎日です。ただ、二か月一回の発刊スケジュールは、読者の皆様とスタート時にお約束した以上、守っていかねばならない責任と考えています。（どうしても遅れる時もありますので、その時はご容赦下さい）

思いが届く講座

受け手の器も大きくありたい。この講座を立ち上げて下さり、本当にありがとうございます。

全てに大村さんの熱を感じました。受ける側が学べば学ぶ程、その熱が伝わってくる人だなあと思いました。受け手の器も大きくありたいです。また、未来に対する漠然とした不安や現在に対する不満が少しずつ消えてゆきます。「つらい事があっても、本当の幸福につながるひと足」と思い、生きてゆくことができるようになりました。シュタイナー教育に出会ったおかげです。

大村さん、この講座を立ち上げて、そして二年間も続けて下さり、本当にありがとうございます。本はとかく一方通行になりがちですが、この講座は私たちの意見も取り入れていただいているので、つながっている気持ちがします。思いは届く、学びたい時は学べる。そう信じて、いつかお会い出来る日を楽しみにしています。

（神奈川県／山木佳子さん）

――未来に対する、漠然とした不安は、ストレスを強くするといわれています。よかったですね、不安が消えて行って。

通信講座
難しい本

シュタイナー教育は確かに私の人生を変えました。Q&Aが楽しみです。

通信講座は、私には少々高尚な難しい本でした。読むのにすごく時間がかかってしまいます。何回も読み返さないと理解できないのです。そして、本当に解っているのか、話し合える人もなく不安です。唯一、Q&Aがすんなりと読めてよくわかるページでした。単行本が出るというので楽しみです。

私がシュタイナー教育に出会っても、主人は無関心のままで、子どもへの影響もわかりませんが、私自身は、本当に大切なことに気が付き、苦しまなくて済むようになりました。

以前は、教育イコール、お金を得るための高学歴をつけるもの、と思っていましたから。間違っていたから苦しかったんですね。シュタイナー教育は確かに私の人生を大きく変えてくれました。

（兵庫県／賀前知可許さん）

――Q&Aの本、遅れていてすみません。絵本、ペダゴジカル・ストーリーの本、その次にQ&Aの本、という順番で企画進行中です。（絵本は①②とも10月中に発刊予定です）

第3期も
期待！

行きずまった時などにフッとまた本を読み返して肩の力を抜きたいな…。

なかなか一回読むだけでは自分の中に入ってこなくて、大切な所などに線を引いたりして、何回も読んで自分のものにしてきました。子どものことだけでなく、自分自身のこと、回りのことなども考えるキッカケになり、楽しい第二期でした。第三期での「大人のためのシュタイナー教育講座」も楽しみです。自然に無理なく、講座で学んだことを役立てていきたいな、と思います。「こうしなさい」とこり固まることはしたくありませんが、行きずまった時など、フッとまた本を読み返して肩の力を抜きたいな、と思っています。

（愛知県／玉置亜希子さん）

――もっとたくさんのペダゴジカル・ストーリーを知りたいとのことですが、今年二〇〇一年の四月末〜五月の千葉、東京、大宮、名古屋の講演会では、大村さんにペダゴジカル・ストーリーについてのお話をしていただきました。その講演録を、第三期ご入会の方全員にプレゼントさせていただいております。（8月中旬より発送）また、ペダゴジカル・ストーリーのテーマ別のお話をもり込んだ本も企画中です。

（なお、ペダゴジカル＝Pedagogicalです。編集部がdをtと誤って記載していましたので、訂正とおわびを致します）

心に響く講座内容

荒れる17歳などの企画、今日の社会問題を急遽取上げるほんの木の姿勢に共感。

違いをのりこえることや、本質を生きることへの問いかけに、私自身がびっくりするくらい心に響いてきた講座内容でした。そして大村さんが現実に向き合い、その都度"荒れる一七歳"などの企画を急拠取り上げるなど、ほんの木の皆様の姿勢に「自分もそうありたい」と思いました。

ところで「ホームケア・コーナー」は生活情報等に属すると思うので、講座で取り上げなくてもよいのでは？と思います。

教育関係の仕事をしているのですが、スクーリング、講座、教育養成プログラムを受けたくても仕事の都合上受講できないのが残念です。企画で、シュタイナー教育の実践的な授業内容を取り上げていただけるとありがたいです。第三期も期待しております。

（東京都／匿名さん）

――タイムリーなテーマを大村さんが取り上げることに対してのご賛同、うれしく読ませていただきました。他のシュタイナー関係の本やメディアでは、くわしく知りませんが、あまり今日的な事件や社会の問題に言及しないテーマが多いのでしょうか。皆様、いかがでしょうか。

本棚に12冊

よく、涙しながら読んでます。秋までお休み期間を12冊の復習に。

今の子ども達のあり方は、社会環境が大きく関係していて、その環境を作っているのは大人一人ひとりである。つまり子ども達が荒れ、ひとを危《あや》めるなどの行為はすべて私（たち）に責任がある…との見方、本当にこたえました。何かと批判ばかりしてきたことを恥じ、まずは"私"がどんなあり方をしているのか見つめ直さなければ…と心から思っています。

私の本棚の上にも12冊のブックレットが美しく並んでいます。いつも楽しみにしていました。秋までお休みですね。さびしい半面、12冊の復習に、秋まで期間は短く頑張らねばならないと思います。回を重ねるごとにぶ厚くなって、大村さんがどれ程お心を入れ込んでいらっしゃるのか痛い程伝わってきます。よく涙しながら読んでいます。お体にはお気をつけ下さいませ。

（京都府／田中仲子さん）

――実際に、公立学校などでシュタイナー教育的なカリキュラムや実践的な内容を取り入れている学校があるのかどうかについてのご質問もありました。ぜひ「教師」の皆様の情報交換ネットワークを立ちあげたい、との思いを持っていましたので、今号アンケートで募集をいたしました。教師、教育関係の方、ぜひご連絡下さい。

再び講座に出会う

娘を理解してやれなかった私。去年の秋から、すべてやる気を失って…。

第一期から始め、第二期の三号ぐらいまでは、素晴らしい内容もあって夢中になって読みました。アンケートに感想を書き、自分の意見を何回か載せていただきました。子供三人が順調に成長している時は講座の内容も自分のものとし、理解しているつもりでした。しかし、高一の娘がつまづいた時、私は娘を責め、親の意見（考え）を押しつけしてまい、娘を理解してやれなかったのです。去年の秋から、私はすべてのやる気を無くしていたのです。最近夫が新聞にシュタイナーの記事が載ってるぞと教えてくれたりします。

私は今まで何を勉強してきたのか。読書をしていただけなのか、と自分を責めていました。私には先入観がじゃまをしていたのです。人間の弱さ、自分の弱さを知った年でもあり、人生を振り返ってみた年でもありました。今また、夫の声ではありませんが、この通信講座を開いてみたくなり、私の求めていたものは、やはりこれだと思うようになりました。

大村先生、本当にスケジュールが一杯の中でこの講座を開設していただき、ありがとうございます。この講座は先生がまるで前にいて、直接講演でも聴いているような錯覚さえします。わかりやすくかみくだいて、繰り返して説明していただけるのがいいと思うのです。とても満足しています。

（長野県／匿名さん）

——また再び、ブックレットを開いていただきありがとうございます。どうかお嬢さんとのこと、お互いの関係がうまく行きますように…。

社会問題を考える

支え合える人がいたら、こんな事件を起こさなかった…とても悲しい気がします。

殺人事件がニュースで報じられると、ドキッとして聞くのですが、コメンテーターなどが容疑者について詳しく調査し、過去のこと、精神状態はどうかとか、とっても悪い人のように、また両親にもしつけがどうのとかを追求します。もちろんそれらは事実なのでしょうが、もっと大局的に考えたいといつも思います。犯人の周囲、隣り近所の人、関わった人びと、友だちばかりでなく、生活環境など、もっと容疑者のことを分かってあげ、支え合える人がひとりでもいたら、こんなことにならなかったかも…と思うのです。こんな気持ちは私だけなのでしょうか。私の周囲にもストレスなどで心が病んでいる?と思える人たちが、「何を甘えている!」と放っておかれたり、力で押えられたりされていることがあります。それを見るととても悲しくなるのです。

観察の目を養うほど、寄りそって助ければ力強く生きていける、と思えるのですが。私もできるだけ口を出して、少しずつですが、じわり、じわり努力してゆくつもりです。

（愛知県／大野利恵さん）

——通信講座シリーズを読めば読むほど気付きがふくらんで

いらっしゃる様子、とても伝わってきました。教育者という厳しい立場、思い通りにならないこと、色々あるでしょう。またぜひ、皆様の回りからのレポートをお寄せください。

自分のために

私たちが生まれてきた目的、「精神の進化を遂げること」。十代からの悩みが解決した…。

「子どものために」と学び始めたシュタイナー教育、思想でしたが、すぐにこれは「自分のためだ」と気付きました。そんな私にとって、「人生の七年周期」や、「大人の問題」について語ってくれる大村さんのお話は、とても興味があり、また勉強になりました。

私は全くの唯物論者、無神論者でしたが、少しずつ目に見えないものに対する畏敬の念が芽生えてきて、今まで見向きもしなかったジャンルの本も興味を持って読むようになりました。子どもへの話にも、「子どもだまし」と思わずに、天使などが出てくるようになったのです。

通信講座、毎回とても分かりやすく、心にしみるお話をありがとうございます。私たちが生まれてきた目的は、「精神の進化を遂げること」この言葉に出会った時、十代からの悩みが解決したように、フッと楽になり、また嬉しくなりました。不思議なくらい、ストンと私の中にこの言葉が入ってきたのです。

（香川県／森なおみさん）

――森さんにとっては、この第三期、ピッタリのテーマではないでしょうか。ぜひご感想やご意見をまたお送り下さい。

勉強会の皆様にもよろしくお伝え下さい。

将来への指針

少しずつ自由になる私。いずれは社会の中で役に立つように。

今まで、幼児教育～二一歳までについての本はいくつかあったが、大人について述べられているものは殆んどなく、とても知りたいと思っていたことだったので、大変勉強になりました。そして、今の自分だけでなく、将来どのように生きて行くかの指針を示して頂けて心強く思っています。今後も度々取り出して読んで行きたいと思っています。ありがとうございました。

私自身、このシュタイナー教育に出会い、大きく変化したと感じます。今までは将来の価値観に反発を感じつつ、そこから逃れられない自分がいましたが、乗り越えよう、乗り越えられると思えるようになりました。少しずつ自由になって行くのを感じています。そして、小さなきっかけでもよいから、少しずつ広めてゆき、いずれは社会の中で役に立てるように、より一層学んで行きたいと思っています。

（東京都／高森久美子さん）

――少しずつ広めて、いずれは社会に…、とてもうれしくなるメッセージです。このブックレット一冊ずつが皆様の力となって、広く世の中により良い影響を与えていく源泉になったら、大村さんが描いていた目的がひとつずつ達成されて行くのではないでしょうか。

私自身の問題

希望やユーモアを忘れずに世界の進化に貢献したいお医者さんから…。

治癒教育はちょっと専門的で読めないことも多かったです。七年周期は、大人、子供とも大変参考になり、励みにもなり、何回も繰り返し読んでいます。ホームケアもおもしろいのですが、できればベースとなるシュタイナー的「病気についての考え方」（あまりに深くて簡単には難しいと思いますが）ものっていればさらに参考になったかな、と思います。

私自身、シュタイナー教育に出会って、私自身の問題について自分を見つめる作業をしている中、シュタイナーの実践や実践している方の話は、私を励まし、時にはなぐさめてくれます。どちらかというと、内向きのつらい作業になりがちなところを、希望やユーモアを忘れずに…という気持ちにさせてくれます。

また、今のところ「帰依する」という決意はまだできていませんが、自分が精神的に進化を遂げることで世界の進化に貢献したいと思っています。悲しい、つらい世界のできごとには、必ず自分にも責任があると自覚して生きています。

（千葉県／安達晴巳さん）

——社会に自分なりの努めを果すためと、ご自身の成長のため、仕事をされていらっしゃるとのこと、二歳のお子様を保育所に預け、せめて三～四歳までは仕事を休み、手元で育てたい…との悩みを抱きつつ、医師という職業に対する倫理観でおやりになっている様子、よく伝わってきました。安達さんのお子様にも患者さんにも、きっとその気持ちがしっかり伝わっていると私は思いました。

改めて考え直す

「シュタイナー」のおかげで子どもを育み私が育てられている。

「シュタイナー教育」に出会って七年になります。学んだ中で自分の生きることを、今考えています。「シュタイナー」のおかげで、子どもを育むことで私が育てられていることが、よくわかったと思っています。

「他人に帰依する」という言葉をつい忘れてしまいがちな私ですが、改めて考え直すきっかけとなったように思います。大切なことを思い出させて頂いてありがとうございました。

（埼玉県／近藤幸子さん）

——子どもを育むことで自分が育てられている、私自身も、ハッとしました。自分はどうだったのかと。ぜひその「気付き」を多くのお友達にも広げて下さい。

もっともっと、大勢の皆様の楽しい、ホロリとさせられる感想やご意見、短い文章に込められた想いやメッセージをのせたかったのですが、ページの関係ですみません！

次号で必ず（できるだけ？）おのせします。号を追うごとに、中身の濃い、ぐっとくるおたよりやアンケートへのご回答が多くなり、とてもうれしく感じます。（柴田）

第二期6号「本質を生きること」への

●個人的感想

「仲間はずれにされる子どものために」について

第二期6号九五頁の右のテーマへの感想です。秋子ちゃんタイプの考え方が中心とされ、彼女がとても正当化して受け取められ、あまりいい気分でありませんでした。それよりも本当に自分が体験された方側の話（いじめられっこ側）を書いて下さった方が気持ちは楽になりますが、秋子ちゃんを通じての気持ちを、この文面からは理解できますが癒されません。

私は聡子ちゃんタイプでしたので、秋子ちゃんのような子ももちろんいましたが、すてきな人にもその分、出会うことができました。

ひとりは私の姉でした。秋子ちゃんと同じ歳でも何度も何度も教えてくれました。人を人としてバカにしない姿勢を学びました。もうひとりはA子ちゃんという女の子です。彼女はわからないところを自分が教えることによってより理解が深まるのでうれしい、といつも言っていました。私はA子ちゃんて何て心が広いのだろう、彼女の生き方って素敵だと感じました。

私はもしかしたら、子供たちが聡子ちゃんのようなタイプでも、きっとこんなように言えると思います。

「世間では友達何人いると、数を自慢する人がいるかもしれない。でもあなたの地道な姿を見て立ち止ってくれる人がきっと出てくるよ。ひとりでもあなたと友達になってよかったと言ってくれる人のために、今を大事にしていこうね。私の中でも友達は多くないけど本当の友達ができました。あなたもきっと本当の友達がいつかきっとできるよ」って言ってあげたいと思います。

（東京都／匿名希望の方より）

こんなご意見が寄せられました。ご指摘ありがとうございます。大村さんが過去を振り返り、過ぎし日にしてしまった友達への思いを友情の中で綴った記憶です。そして聡子ちゃんタイプの当時の友へ、「ごめんなさい。あなたの心の中を理解してあげられなくて」とのおわびの気持ちを込め、ペダゴジカル・ストーリーへとつなげた前置きです。決して、聡子ちゃんタイプの子どもたちを否定したり、秋子ちゃんタイプを正当化して言っているわけではないと思いますが、いかがでしょう。

かく言う私（柴田）も幼稚園〜小学校時代はガキ大将でした。私も過去を振り返り、反省を込め大村さんのこの文章がとても心に響き理解できるのです。でも、匿名さんのご意見、しっかりと自分のことと受けとめ、今後に生かしたいと考えています。ありがとうございました。（柴田）

勉強会レポート

四日市発

大村祐子さんの通信講座テキストに

まだ、会の名称も決まっていませんが…。

大村さんのブックレットで、思想の部分(本の前半)とインナーワークを中心に、2001年3月5日、会はスタートしました。月1回のペースで、すでに3回の勉強会を終えたところです。第1期の①「よりよく自由に生きるために」の『シュタイナーの人間観』がまだ終わっていません。皆が納得できるまで話しが尽きず、進み方はとてもゆっくりです。

仲間の方が講座や講演会などで感じたことを発表したり、習ってきたことを皆でやってみたり、歌をやってみたり、学ぶことを楽しめるように、皆のやりたいことを取り入れています。

代表者を設けず、出来ることを自主的に手を上げてやってゆきます。進めてゆく中で案内役が必要なので、思想はAさん、インナーワークはBさん、歌はCさんという感じで自主的に決めてブックレットを順を追って進めています。

会の目的として、シュタイナーの思想を学び、各々がよりよく自由に自分らしく生きることを目指しています。生き方に自信が持てなかったり、迷ったりが多い中、シュタイナーの思想を学んで少しでも強く生きられたら、そしてそこから、困っている隣人、友人、助けを求めている子どもたちに手をさしのべられる大人が少しでも多くなれば、この危機的環境を変えられるのではないか、という思いも込められています。

教育がよくないと思っていても、政治家になって改革できるわけでもありません。

何をすべきか、すればいいかわからない。では、私たち自身が少しでも、しゃんとしようじゃないか。子どもたちに恥ずかしくないように。それが始まりでした。

ブックレットをテキストに、第1期①からきっちりやってゆく予定です。深く学んでいる人もそうでない人も、素直に恥ずかしがらず、意見交換をしてゆく、ディスカッション形式でやっています。

★月1回　不定期の金曜日、(次回予定は9月21日)
★会費、200円(1回)程度。
★ブックレットの購入をして頂く。
★三重県四日市の会場
★現在の参加者は、15～16人ぐらい。
★場所、その他詳しいお問合せは、位田《いんでん》曜子さんまで。(tel・fax 0593-21-4795)
※夜8時以後の電話はご遠慮下さい。

募　集

四日市で、大村さんのブックレットをテキストにした勉強会がスタートしました。うれしい限りです。

この「心の教室」では、皆様のユニークな勉強会の様子や内容を掲載してゆく予定です。ぜひご応募下さい。特に、ブックレットで会を進行されている方々からのレポートをお待ちします。もちろん、他のテキストをお使いの方も、芸術活動等の会の方もどしどしお送り下さい。

★800～1000字で、皆さまの勉強会の様子をレポートして下さい。(FAXか郵便で)。
〒101-0054　東京都千代田区神田錦町3-21　三錦ビル　ほんの木　勉強会係まで
tel　03-3291-5121 fax 03-3295-1080まで。

編集室だより

第3期の始まりです。五か月間のごぶさた、それにしても暑〜い夏でした。地球温暖化の影響でしょうか?「編集室だより」も、皆様に今期も新鮮な暑くるしくない情報をお届けします。

●六月一六日、ひびき村『シュタイナー教育の模擬授業』発売!

大村さんと「ひびき村」小野里このみさん、中村トヨさん、三人が東京(二回)大阪で二〇〇〇年春に行ったスクーリング。その二日間を誌上収録した本が、ついに、ついに発売になりました。長い間お待たせしてすみません。早くからお申し込みいただいた会員の皆様、中身の方はいかがでしたか? ぜひ、御感想をお送り下さい。(オビ以外すべて再生紙一〇〇%の本です)

次号の通信講座第2号(一一月一日発行予定)では、「心の教室」の特集のひとつに、皆様から寄せられているこの本のご感想を掲載する予定です。

まだ入手されていらっしゃらない方、どうぞお申し込み下さい。

『ひびきの村　シュタイナー教育の模擬授業』定価二二〇〇円(税別)お申し込みは、tel 03-3291-3011　fax 03-3295-1080

●大村祐子さん、絵本作家に?創作お話し絵本①②九月末発売に

いよいよ、大村さんの絵本二冊が小社より発売になります。現在編集進行中です。

第①巻は『雪の日のかくれんぼう』、第②巻は『ガラスのかけら』です。「ひびきの村」の小さな絵本から各三作と、新作各一作ずつを加え、一、二巻とも四作ずつのシリーズです。ファンタジーあふれる、ストーリー性の高い物語です。大村さんが「シュタイナーいずみの学校」で(こどもの園では、小野里このみさんが)四季折々の催事に話す、心ふるえるお話ばかりです。(一〇月中旬発売予定)

各一六〇〇円(税別・送料無料)お申し込み、お問合せは、tel 03-3291-3011　fax 03-3295-1080　ほんの木まで。

●シュタイナー・関連書籍の総合カタログ本を編集中

センセーショナルに見出しをつけて、誇大広告、としかられそうですが、「ほんの木」では今、シュタイナー教育や人智学を学ぶ皆様にむけて、シュタイナー関連出版物の解説をした、総合カタログ本を編集中です。

約一八五冊以上の、日本で現在市販されているシュタイナー関連の本を、ジャンル別にし、一冊、一頁を使い、簡単に内容を紹介したカタログ形式の本です。使いやすい索引もつき、年内には完成、発売の予定です。読みたい本、知りたいことがどの本に載っているか。自分が次に学ぶべき本は何か。そんなご希望にお応えする一冊です。西川隆範さんにご協力いただき、また、全発行元の出版社にもご支援、ご協力をいただきました。ご期待下さい。

●さらに、そのカタログの中の本を、通販で全て購入できます

「ほんの木」では、カタログ本を作りっ放しではアカン、ということで、掲載した本全てを、通信販売で購入できるよう、システムを構築中です。「ほんの木」の本のみならず、他社のシュタイナー関係の本も購入できるようにすることが、大村さんの通信講座会員の皆様へのサービス、とも考え、また、会員外の皆様にも、そのシステムを広く一般開放します。書店に、シュタイナーの本がなかなかありませんから、ぜひこの「カタログ本」と通販をご利用下さい。「ほんの木」はシュタイナーの思想と教育が、社会に広まって、世直しの一助になればと考え、この企画を春からスタートさせていました。くわしくは次号にご案内と掲載をいたします。

●お問合せはtel　03-3291-3011　fax03-3295-1080「ほんの木」まで。

EDITORS' ROOM

●第3期リーフレット配布のお願い ご支援をよろしくお願いします！

毎期毎期、お願いばかりですみません。広告、宣伝力のない「ほんの木」が大村祐子さんの通信講座や本を世に広げるには、会員の皆様のご支援だけがたより、という実情があります。教育崩壊や、子どもたちを取りまく環境、社会の乱れ、犯罪の多発など、私たち大人が自ら変わり、変えてゆくことでしか解決できない問題が山積しています。

気付いた人々、志の高い会員の皆様にご支援、ご協力いただければ、これ程有難いことはありません。どうか、ご友人、知人、幼稚園のお仲間、学校関係の方々、そして、「今の社会、何か変だな、とお感じのお近くの方々へ、ぜひお広め下さい。クチコミが一番のパワーです。（お問合せは「ほんの木」まで）

●「心の教室」が、本誌に統合 「催事情報」は別刷に

今号の「心の教室」第3期、いかがでしたか。第2期も大変好評でしたが、第3期はさらに充実させてゆく予定です。また、イベント告知、催事情報は、その時期に限定した情報となるため、本誌に統合すると本誌が息の長い本ということもあり、なじまない情報といえますので別刷とし、会員の方にのみ、付録として発送お届けの際、同封させていただきます。

色々考え抜きましたが「読者の皆様の声を知ることにより、一方的な通信講座にならず、仲間の考えもわかる」という多くの皆様からのメッセージを重視し、この形に決めました。

今後も、同封アンケートでお答えいただき、また、こちらからお願いするテーマ別のメッセージ、ご感想、ご意見も、どしどしお送り下さい。書店他でお求めの読者の皆様も、ぜひご意見、ご感想や、こんな企画はどうだ、とか大村さんへのご質問、Q&Aコーナーへの投稿などお待ちしています。どうぞ、大勢の皆様に開かれたページを作ってゆきましょう。

（あて先は、このコーナーの一番最後にあります）

●ひびきの村の札幌イベント 準備が間に合わず中止に！

10月7日、8日に予定されていた「ひびきの村まつり・イン札幌」は、サマー・プログラムが予想以上の盛況で仕事に追われたこと、学校の移転が手間取っているため、スタッフの準備が大幅に遅れ、中止にさせていただきます。せっかく早くから申し込みをされた大勢の皆様、本当に申しわけありません。

なお、来年（２００２年）の春休み、またはゴールデンウィークを目標に、「ひびきの村まつり・イン東京」を予定しています。準備の体制、会場の確保ができ次第、皆様にお知らせいたしますので、お楽しみに。

『シュタイナー教育の模擬授業』（スクーリング・レポート）をベースに、「ひびきの村」スタッフによるワークショップや、体験授業など、大人にも子どもにも楽しめるイベントを検討したいと思います。もうしばらくお待ちください。

『ひびきの村まつり』の情報掲載をしていただいたメディアの皆様、大変失礼いたしました。心より御礼とお詫びを申しあげます。

（ひびきの村・ほんの木）

●講演会、秋は10月末から テーマは「人生の七年周期」など

大変お忙しい中、大村さんは可能な範囲で全国への講演を開始します。なるべく「ほんの木」が主催し、地域の皆様と一体となって大村さんらしい講演会にしてゆきたいと考えています。お近くの方はぜひおいで下さい。

また、地域サポーター、レポーター、インターネット、モニターへのご応募の方、ありがとうございました。近々、詳細をお送り致します。

（それぞれ、お問合せは左記まで）

〒101-0054　東京都千代田区神田錦町3-21　三錦ビル　ほんの木　tel 03-3291-5121　fax 03-3295-1080まで。（担当／柴田）

大村祐子さんのプロフィール

1945年北京生まれ。東京で育つ。1987年、カリフォルニア州サクラメントのルドルフ・シュタイナー・カレッジ教員養成、ゲーテの科学・芸術コースで学ぶ。'90～'92年までサクラメントのシュタイナー学校で教え、'91年から日本人のための「自然と芸術コース」をカレッジで開始。1996年より教え子らと共に、北海道伊達市でルドルフ・シュタイナーの思想を実践する日本で初めての共同体「ひびきの村」をスタートさせる。1998年帰国。「ひびきの村」代表。著書は、この通信講座シリーズの他に1999年3月発売「わたしの話を聞いてくれますか」（小社刊）がある。シュタイナーとの出会いとその実践を綴った感動のエッセイとして版を重ねている。

EYE LOVE EYE

大人のためのシュタイナー教育講座
第3期　NO.1（通巻No.13）
シュタイナーに学ぶ
「世界があなたに求めていること」
2001年9月1日　第1刷発行

著　者　大村祐子
発行人　柴田敬三
発行所　株式会社ほんの木

〒101-0054東京都千代田区神田錦町2-9-1 斉藤ビル
TEL03-3291-3011
FAX03-3293-4776
郵便振替口座00120-4-251523
印刷所　(株)チューエツ
ISBN4-938568-90-X

当社と著者の方針により、森林資源の保全と環境ホルモン対応のため、本書は用紙は100％古紙再生紙、カバー及び表紙古紙率40％、インキは環境対応インキ（大豆油インキ）、カバーはニス引きを使用しています。

学ぶことは、感動することだった！

『シュタイナー教育の模擬授業』

―大人のための幼稚園・小学校スクーリング・レポート―

日本の「シュタイナー小学校・幼稚園」の授業内容を紙上で再現した初めての本です。

「シュタイナー学校の授業を体験したい」という大勢の声に応え、2000年4月に、シュタイナー思想を実践する共同体「ひびきの村」代表・大村祐子さんが模擬授業を行いました。「ひびきの村」で行っている幼児教育と小学校のメインレッスンを再現し、その内容を全収録しました。

写真・イラスト・楽譜が豊富に盛り込まれています。

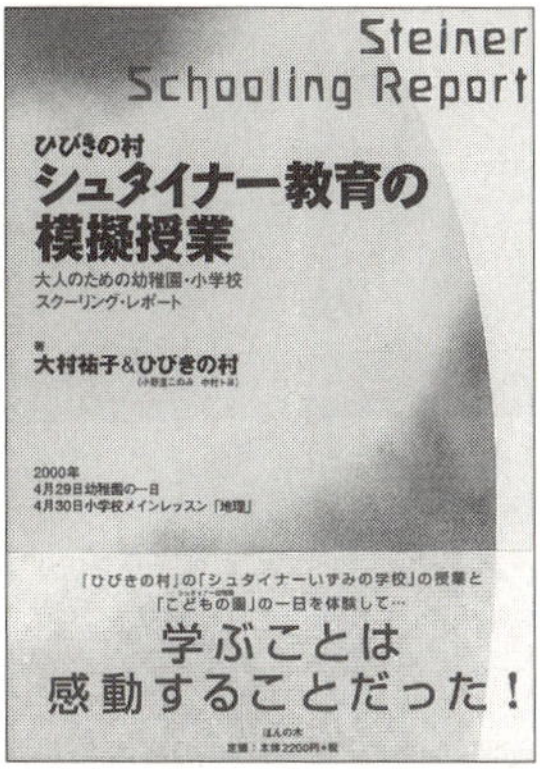

著者 **大村祐子**（ひびきの村代表）
発行元 ほんの木（2001年6月発行）

●A5判　240ページ

通信講座会員特別価格

2,000円（送料・税込）

会員価格でのお求めは、ほんの木に直接お申し込みください。
一般価格は定価2,310円（税込）です。

モデルは北海道伊達市で、シュタイナー思想を実践する小学校「シュタイナーいずみの学校」と幼稚園「こどもの園」です。

目次より

●第一日目　幼稚園のスクーリング　小野里このみ
　［午前］ ひびきの村「こどもの園」の一日
　　幼児のための「水彩」の時間
　［午後］ 講義と質問の時間　大村祐子・小野里このみ
●第二日目　小学校のスクーリング　大村祐子
　［午前］「シュタイナーいずみの学校」のメインレッスン
　　小学生のための「水彩」の時間
　［午後］ 講義と質問の時間　大村祐子
●資料編　ひびきの村「こどもの園」について
　「シュタイナーいずみの学校」について
　ひびきの村のご案内

■ご注文について　お近くの書店にない場合は、小社の通信販売をご利用ください。定価1260円以上の書籍のお届け送料は無料です。（株）ほんの木　TEL03-3291-3011　FAX03-3293-4776

素っ裸のアマゾン!!

大村祐子さん作　シュタイナー教育が生んだ

創作おはなし絵本シリーズ1・2巻新発売！

大村さんの絵本シリーズがスタート

ひびきの村「小さな絵本」シリーズに、新作が加わって、1・2巻がいよいよ発売になります。ただ今、編集が進行中！もう少しでできあがります。季節にそった春夏秋冬の4つの物語をそれぞれ1冊ごとに織り込みました。オール・カラーのイラスト。「ひびきの村」中村トヨさんのカバー表紙イラストに、本文イラストは杉本啓子さん。「ひびきの村」から初めて生まれた創作絵本です。

10月中旬発売予定

カラー版　創作おはなし絵本1
「雪の日のかくれんぼう」他3作

・著者　大村祐子（ひびきの村代表）
・イラスト　カバー／中村トヨ　本文／杉本啓子
・予価　1,680円（税込）
・サイズ　四六判　上製　80ページ

◆spring　春の妖精
◆summer　草原に暮らすシマウマ
◆autumn　ずるすけの狐とだましやのマジシャン
◆winter　雪の日のかくれんぼう

PICTURE BOOK BY YUKO OMURA

10月中旬発売予定

カラー版　創作おはなし絵本2
「ガラスのかけら」他3作

・著者　大村祐子（ひびきの村代表）
・イラスト　カバー／中村トヨ　本文／杉本啓子
・予価　1,680円（税込）
・サイズ　四六判　上製　88ページ

◆spring　大地のおかあさんと根っこぼっこのこどもたち
◆summer　ガラスのかけら
◆autumn　月夜の友だち
◆winter　ノノカちゃんと雪虫

絵本のお申込みは、「ほんの木」までお願いします！

お支払いは、絵本をお届けした後、同封の郵便振替用紙にてご入金ください。
送料無料でご自宅までお届けいたします。

TEL.03-3291-3011／FAX.03-3293-4776／Eメール info@honnoki.co.jp
〒101-0054　東京都千代田区神田錦町2-9-1斉藤ビル3階